KB203676

제 설교 좀
들어보시겠어요?

제 설교 좀 들어보시겠어요?

지은이 l 문신숙

펴낸이 l 원성삼

책임편집 l 김지혜

본문 및 표지디자인 l 한영애

펴낸곳 l 예영커뮤니케이션

초판 1쇄 발행 l 2016년 11월 15일

등록일 l 1992년 3월 1일 제2-1349호

주소 l 136-825 서울시 성북구 성북로6가길 31

전화 l (02)766-8931

팩스 l (02)766-8934

홈페이지 l www.jeyoung.com

ISBN 978-89-8350-958-1 (03230)

값 7,000원

이 도서의 국립중앙도서관 출판예정도서목록(CIP)은 서지정보유통지원시스템 홈페
이지(http://seoji.nl.go.kr)와 국가자료공동목록시스템(http://www.nl.go.kr/kolisnet)에서
이용하실 수 있습니다.(CIP제어번호: CIP2016025489)

모든 인간은 하나님의 형상을 닮은 존엄한 존재입니다. 전 세계의 모든 사람
들은 인종, 민족, 피부색, 문화, 언어에 관계없이 존귀합니다. 예영커뮤니케이
션은 이러한 정신에 근거해 모든 인간이 존귀한 삶을 사는 데 필요한 지식과 문화를 예
수 그리스도의 사랑으로 보급함으로써 우리가 속한 사회에 기여하고자 합니다.

예수님을 향한 나의 노래, 나의 예배, 나의 고백

제 설교 좀
들어보시겠어요?

문신숙 지음

예영커뮤니케이션

　　그동안 나는 하나님의 말씀을 묵상하면서 은혜 받은 말씀을 공책에 적어 놓곤 했다. 어린아이의 작은 도시락인 오병이어를 예수님 앞에 내놓는 마음으로 이 글들을 모아 책을 내게 되었다. 신학 공부를 하지 않은 내가 묵상집을 낸다는 것이 큰 부담이었지만 말씀 속에 나타나신 하나님의 사랑과 은혜가 너무나 벅차 그분에 대한 사랑을 있는 모습 그대로 표현하고 또 나누고 싶어 용기를 냈다. 때로는 주관적인 성경 해석이 있다 할지라도 '아, 이렇게 볼 수도 있겠구나.' 하고 널리 이해해 주기를 바란다. 이 글은 예수님을 향한 나의 노래이자 사랑 고백이며 예배이다. 이 글을 쓰는 동안 내 속에서는 말할 수 없는 기쁨과 감사가 솟아오른다. 그리고 나에게는 아브라함과 같은 믿음의 조상인 나의 할아버지와 할머니가 생각났다.

　　할머니 최인선 권사님은 한국에 복음이 처음 전해지던 초창기에 선교사에게 복음을 전해 듣고 예수님을 영접하셨다. 그 후에는 남편인 문광빈 할아버지를 전도하셨는데 결국 할아버지는 평양신학교에서 신학 공부를 하셨다. 그 당시 목사 안수를 받으려면 신사참배를 해야만 했는데 할아버지는 신사참배를 거부하고 서해 바다에 있는 섬 백령도로 피신하셨다. 목회자가 없는 몇몇 작은 교회들을 돌아다니며 강도사님으로 목회하시다가 소천하셨다. 내가 태어나기 오래 전에 돌아가셨기 때문에 할아버지를 뵌 적은 없지만 할아버지는 목회하면서 기도하시려고 자주 산에 가셨다고 한다. 추운 겨울 머리 위에 눈이 수북히 쌓이는 것도 모른 채 깊이 기도하셨다고 한다. 어렸을 때 나는 종종 할머니가 사는 집에 가서 며칠씩 있다가 오곤 했는데 지금도 기억에 남는 것은 잠자리에 들 때마다 항상 하나님께 엎드려 기도하시던 할머니의 모습이다.

그리고 할머니는 더우나 추우나 매일 새벽마다 빠짐없이 교회에 가셔서 새벽기도를 하고 오셨다. 기도의 용사이신 할아버지, 할머니의 손녀로 태어나게 하신 하나님께 감사드리며, 마음의 소원은 그분들의 믿음의 유산을 계승하고 싶다. 늦은 나이에 신학을 하셔서 목사님이 되신 나의 아버지 문규회 목사님도 소천하셨고, 지금은 어머니 김순복 권사님만 홀로 남아 계신다. 지금 와서 돌이켜 보니 믿는 가정에서 태어나 교회에서 사랑받으며 성장케 하신 하나님의 은혜가 너무나 크다.

　또한 감사한 것은 우리 부부가 2009년이 밝아오는 첫 시간에 선교사로 파송받았고 나의 남편은 2012년 5월 27일에 목사로 안수받았다는 점이다. 하나님께서는 우리 부부에게 선교의 기회를 주시고 하나님의 사랑 아가페를 선교 현장에서 맛보게 하셨는데 넘치도록 베풀어 주신 은혜에 감사드리며 거룩하신 삼위 하나님께 영광을 올려 드린다.

2016년 4월

문신숙

차례

들어가는 말　4

1부

눈물 나는 사랑 이야기　11

돌에 맞아 죽을 뻔했던 여자　15

혼인 잔치　23

어느 여인의 중보기도　31

실망시킨 무화과나무　41

발 씻겨 주기　47

예배의 극치　57

무덤이 열리고　71

말씀하신 대로　77

죽으면 죽으리라 85

땅에 엎드리어 97

바울을 통하여 만난 하나님 109

불의의 재물로 친구를 사귀라? 115

사랑받는 교회 123

2부   나의 이야기 131

1부

⋮

눈물 나는 사랑 이야기

돌에 맞아 죽을 뻔했던 여자

혼인 잔치

어느 여인의 중보기도

실망시킨 무화과나무

발 씻겨 주기

죽으면 죽으리라

땅에 엎드리어

바울을 통하여 만난 하나님

불의의 재물로 친구를 사귀라?

사랑받는 교회

예배의 극치

무덤이 열리고

말씀하신 대로

죽으면 죽으리라

땅에 엎드리어

바울을 통하여 만난 하나님

불의의 재물로 친구를 사귀라?

사랑받는 교회

눈물 나는 사랑 이야기

:

한 율법사가 예수를 시험하여 율법 중에 어느 계명이 크냐고 질문했다. 예수님은 이렇게 대답하셨다.

네 마음을 다하고 목숨을 다하고 뜻을 다하여 주 너의 하나님을 사랑하라 하셨으니 이것이 크고 첫째 되는 계명이요 둘째도 그와 같으니 네 이웃을 네 자신같이 사랑하라는 것이다(마 22:37-40).

모태신앙인 나는 이 말씀대로 살아 보려고 노력했다. 진심으로 하나님을 사랑하고자 성경 말씀을 읽으며 열심히 기도했다. 주일성수는 물론이고 하나님이 기뻐하시는 삶을 살고 싶어 세상의 많은 일을 절제하며 살았다. 말씀 앞에서 발버둥 치며 나 자신을 비추어 보면 볼수록 실망스럽게도 나는 말씀과는 너무나도 거리가 먼 사람임을 알게 되었다. 그리고 하나님의 말씀인 성경을 깊이 묵상하며 생각한 것은 성경은 하나님 나라의 이야기이며, 하나님 자신의 이야기라는 것이다. 마음을 다하고, 목숨을 다하고, 뜻을 다하여 사랑하라는 계명은 하나님이 먼저 우리를 그렇게 사랑하신 것을 표현하신 것이라고 생각되었다. 하나님은 우리를 마음과 뜻을 다하여 또 생명을 바치기까지 사랑하셨다. 둘째 계명인 "네 이웃을 네 자신같이 사랑하라."는 것도 예수님이 이 세상에 사람으로 오셔서 친히 삶으로 본을 보여 주셨다. 모든 율법과 선지자의 강령인 이 두 계명은 하나님 자신이 지키시고 행하신 그분의 이야기다.

요한복음 15장에서 예수님은 우리를 친구라고 하시며 사람이 친구를 위하여 자기 목숨을 버리면 이보다 더 큰 사랑이 없다고 하셨다. 가장 큰 사랑의 표현인 십자가에서의 죽음으로 우리를 사랑하신 예수님은 내가 너희를 사랑한 것같이 너희도 서로 사랑하라고 하셨다. 온 마음과 목숨과 뜻을 다하여 사랑하신 하나님의 마음을 알게 되니 그분의 목숨을 바친 우리의 구원은 정말 눈물 나는 사랑 이야기임을 깨닫게 되었다.

레위기에 보면 이스라엘 백성은 자기의 죄를 용서받기 위하여 흠 없고 점 없는 1년된 어린 숫양을 잡아 그들의 죄를 전가하는 안수를 하고 번제로 하나님께 드렸다. 우리에게 지키라고 주신 제사 규례 또한 우리를 향한 예수님의 사랑 이야기이며, 우리에게 영원한 생명을 주시기 위하여 보혈을 흘리신 하나님의 어린양 예수 그리스도를 통한 우리의 구원을 예표한다. 우리는 우리가 살기 위하여 예수님을 죽여야만 하는 존재다. 나는 하나님께 예배할 때마다 레위기에서 번제 드리는 장면을 머릿속에 그려 본다. 번제단 위에 올려져 그 기름과 함께 태워지는 어린양의 모습에서 한 번의 제사로 우리를 영원히 온전케 하신 예수님을 발견할 때마다 갚을 수 없는 그 큰 은혜로 눈물만 흘릴 뿐이다. 왜냐하면 히브리서 10장에 기록된 대로 죄를 위하여 다시 제사를 드리지 않아도 되는 온전한 용서를 받았기 때문이다. 유월절 어린양의 피를 문설주에 바르듯 그 큰 은혜를 베푸신 예수님의 보혈을 우리 마음의 문에 바를 때 하나님 아버지는 그 아들의 보혈을 보시고 우리 안에 들어와 더불어 먹고 마시며 하나님 나라를 이루신다.

하나님께서 그 피를 보실 때 마음이 어떠하셨을까? 아들의 고통으로 마음이 찢어지는 아픔보다는 우리를 얻는 기쁨과 사랑이 더 크셨을 것이다. 마음과 목숨과 뜻을 다하여 우리를 사랑하사 예수님의 보혈로 우리와 화해를 이루신 하나님 아버지의 사랑을 어떻게 갚을 수 있을까? 그 받은 사랑이 너무나 커서 "너희도 이와 같이 서로 사랑하라."는 말씀을 가슴 깊이 새기며 무릎 꿇고 눈물로 기도한다.

"예수님 말씀대로 서로 사랑하기를 원합니다. 말씀을 행할 수 있는 성령님의 능력을 기름 붓듯 충만히 부어 주세요."

돌에 맞아 죽을 뻔했던 여자

⋮

| 요한복음 8장 3-11절 |

3 서기관들과 바리새인들이 음행중에 잡힌 여자를 끌고 와서 가운데 세우고

4 예수께 말하되 선생이여 이 여자가 간음하다가 현장에서 잡혔나이다

5 모세는 율법에 이러한 여자를 돌로 치라 명했거니와 선생은 어떻게 말하겠나이까

6 그들이 이렇게 말함은 고발할 조건을 얻고자 하여 예수를 시험함이러라 예수께서 몸을 굽히사 손가락으로 땅에 쓰시니

7 그들이 묻기를 마지 아니하는지라 이에 일어나 이르시되 너희 중에 죄 없는 자가 먼저 돌로 치라 하시고

8 다시 몸을 굽혀 손가락으로 땅에 쓰시니

9 그들이 이 말씀을 듣고 양심에 가책을 느껴 어른으로 시작하여 젊은이까지 하나씩 하나씩 나가고 오직 예수와 그 가운데 섰는 여자만 남았더라

10 예수께서 일어나사 여자 외에 아무도 없는 것을 보시고 이르시되 여자여 너를 고발하던 그들이 어디 있느냐 너를 정죄한 자가 없느냐

11 대답하되 주여 없나이다 예수께서 이르시되 나도 너를 정죄하지 아니하노니 가서 다시는 죄를 범하지 말라 하시니라

사람들에게 돌에 맞아 죽을 뻔했던 여자가 있었다. 왜냐하면 이 여자는 간음하다가 현장에서 붙잡혔기 때문이다. 3-5절에 보면 서기관과 바리새인들은 간음 중에 잡힌 여자를 예수께로 끌고 와서 가운데 세우고 모세는 율법에 이러한 여자를 돌로 치라고 했는데 어떻게 하시겠느냐고 물었다. 율법의 말씀을 잘 지키며 살고 있다고 생각한 그들이 간음 죄를 지은 여자를 향하여 글자 그대로의 의문(Letter)의 법을 들이대며 돌로 치려고 한 것은 자기들은 죄인이 아니라고 생각했기 때문이다. 그러나 너희 중에 죄 없는 자가 먼저 돌로 치라는 예수님의 말씀 앞에서 그들은 양심의 가책을 느끼기 시작했고, 예수님 앞에 더 이상 서 있을 수 없어 그 자리를 다 떠나갔다.

과연 누가 그 여자에게 돌을 던져야 할까? 죄인을 향하여 돌을 던질 자격이 있는 자는 죄 없는 자라고 예수님이 말씀하셨다. 그렇다면 이 세상에 죄 없는 자가 누구인가? 하나님밖에 없으며 그 자리에서는 예수님만 죄 지은 그 여자에게 돌을 던질 자격이 있는 분이시다. 신명기 22장 24절에 간음 죄를 진 자는 돌에 맞아 죽어야 한다고 기록되어 있다. 율법은 하나님의 법으로서 우리에게 죄를 알려 주는데 죄 지은 이 여자가 돌에 맞아 죽는 것이 율법을 이루는 것이고 공

의를 이루는 것이다. 그러나 말씀이신 예수님은 "너희 중에 죄 없는 자가 먼저 돌로 치라."고 하시며 율법의 집행자는 죄 없는 자라고 그들에게 올바르게 가르쳐 주셨다. 이 말씀을 묵상하는 중에 그동안 내가 이 율법의 말씀을 이웃에게 들이대며 보이는 대로 판단하고 정죄했던 수많은 일들이 생각나면서 하나님 앞에 너무 부끄러워 회개했다. 말씀이신 예수님 앞에 나오면 어떠한 죄를 지은 죄인이라 할지라도 죽음의 세력에서 보호된다. 간음 죄를 지은 이 여자는 고소하는 자들의 손에 이끌려 예수님 앞에 부끄럽게 나왔지만 오히려 전화위복이 되었다. 우리도 이와 같이 심한 질병이라든가 경제적 위기 등 인생의 절박한 상황으로 예수님 앞에 나가기만 하면 죽을 것 같았던 인생의 문제가 오히려 축복이 될 수 있다. 왜냐하면 우리를 죽이려고 고소하는 자들이 예수님의 말씀 앞에서 더 이상 그들의 권한을 행사할 수 없고 결과적으로 우리를 예수님 앞으로 인도했기 때문이다.

우리가 예수님 앞에 서 있지 않으면 지금도 끊임없이 우리를 고발하고 정죄하는 자, 즉 사탄은 돌을 들고 두렵게 한다. 사탄은 돌로 칠 자격이 없는 자다. 왜냐하면 죄 없는 자가 아니기 때문이다. 스스로 잘 알기에 예수님 앞에서 돌을 내려놓고 물러갔다. 우리는 사탄에게 예수 그리스도의 이름으로 당당하게 명령할 수 있어야 한다.

"사탄아! 너는 나에게 돌 던질 자격이 없는 자야. 그러니 나에게

16
17

서 물러가라. 돌 던질 자격이 있으신 분은 하나님밖에 없는데 그분은 나에게 돌을 던지지 않으신다."

예수님이 물으셨다.

"너를 고발하고 정죄하던 자들이 어디 있느냐?"

그 여자는 대답했다.

"주여! 없나이다."

빛이 임하매 어두움이 물러간 것이다. 이제는 우리가 예수님 앞에 서서 우리에게 돌을 들어 던지려는 자들이 다 떠나고 없다는 것을 알아야 한다. 더 이상 두려워하지 말자. 예수님은 죄 지은 여자를 고소하던 자들로부터 풀어 주시고 나도 너를 정죄하지 않으니 가서 다시는 죄를 범하지 말라고 하셨다. 우리에게도 적용해 볼 수 있는데 죄 없는 자이신 예수님은 죄인인 우리를 율법에 비추어 대하지 않으시고 오히려 자신이 십자가에서 대신 돌을 맞으심으로 죄의 대가를 다 지불해 주셨다.

이 상황에서 간음한 여자 앞에 예수님이 안 계셨다면 어떻게 되었을까? 이 여자는 자기의 죄의 결과로 모든 사람이 보는 가운데 서기관과 바리새인들에게 돌에 맞아 죽었을 것이다. 나는 이 장면에서 우리의 죄악의 심판이 얼마나 무서운지를 생각하게 되었다. 그리고 예수님의 겟세마네 동산에서의 기도가 떠올랐다. 예수님은 사랑하는 그의 제자들에게 심히 고민하여 죽게 되었다고 말씀하셨고, 하나님 아버지께는 이 고난의 잔을 자기에게서 옮겨 달라고 땀이 땅에 떨어지는 핏방울같이 될 정도로 세 번이나 간절히 간구하셨다. 만약 나에게 예수님이 안 계시다면 이러한 무서운 심판을 내가 다 감당해야 한다는 것을 생각하니 끔찍했다. 예수님을 믿지 않았던 바리새인들과 서기관들은 자기들이 죄인이 아니라고 생각하여 간음한 여자에게 돌을 던지려고 했다. 죄인이 아니라고 착각하고 있는 그들에게 예수님은 독사의 자식들이라고 말씀하셨다. 우리에게는 어떻게 말씀하고 계시는지 정직하게 귀 기울여 들어야겠다. 예수님의 재림이 가까운 마지막 때를 사는 우리도 간음한 여자 앞에 서 계신 그 예수님을 보아야만 살 수 있다.

하나님은 이 율법의 말씀을 어디에서 누구에게 적용시키셨는가! 십자가에서 예수님께 적용시키셨다. 죄 없는 자이신 하나님 아버지가 십자가에서 우리의 죄를 대신 짊어지신 그분의 독생자 예수님에게 돌을 던지신 것이다. 하나님은 십자가에서 예수님에게 그분이 죽을 때까지 계속 돌을 던지셨다. 그리하여 하나님의 공의의 말씀을 예수님에게 적용하셨고 구약에 예언된 말씀을 이루셨다. 두려워 떨며 고개 숙인 이 여인 앞에서 예수님은 두 팔을 벌리시며 돌을 대신 맞기 위하여 그 여인 앞으로 나서는 장면을 그려 보았다. 예수님은 우리 대신 돌을 맞기 위해 오신 분이시다. 이것이 복음이다. 초림의 예수님이 이 세상에 오셔서 십자가에서 당하신 모든 저주와 고통은 사실 우리의 몫이었다. 간음한 여자가 돌에 맞아 죽어야 하는 것처럼…. 그런데 예수님이 우리를 대신하여 당하시고 우리의 죄의 짐을 다 가져가셨다. 그렇게 하심으로써 이 일을 이루신 예수님을 환영하고 받아들이는 사람은 누구나 하나님의 자녀로 삼으신다. 예수님이 하나님의 아들이시듯 하나님의 아들, 딸로 말이다. 이 놀라운 축복을 누리기 위해서는 마땅히 죽어야만 하는 죄인인 우리를 살리시기 위하여 십자가에서 대신 죽으신 예수님을 진심으로 깊이 인정해 드리고 또 사랑해야 한다. 이제 이 세상에 다시 오실 예수님은 초라한 모습이 아니라 권위와 능력이 많으신 만왕의 왕의 모습으로 우리에게 오신다. 이 얼마나 감격스러운 일인가! 예수님의 부활의 생명이 있는 자들이 누릴 축복이다.

예수님이 율법을 생명의 법으로 다시 해석해 주셨지만 율법을 잘 알고 또 지키고 있다고 착각한 바리새인들과 서기관들은 양심의 가책만 받았을 뿐 변화되지 아니한 채 떠나갔고, 결국 예수님을 십자가에 못 박았다. 그러나 죄 지은 여인은 악의 세력에 의해 율법에 따라 죽을 뻔했는데 예수님 때문에 생명의 법에 따라 살게 되었다.

그러므로 이제 그리스도 예수 안에 있는 자에게는 결코 정죄함이 없

나니 이는 그리스도 예수 안에 있는 생명의 성령의 법이 죄와 사망의

법에서 너를 해방했음이라(롬 8:1-2).

혼인 잔치

:

1 사흘째 되던 날 갈릴리 가나에 혼례가 있어 예수의 어머니도 거기 계시고

2 예수와 그 제자들도 혼례에 청함을 받았더니

3 포도주가 떨어진지라 예수의 어머니가 예수에게 이르되 저들에게 포도주가 없다 하니

4 예수께서 이르시되 여자여 나와 무슨 상관이 있나이까 내 때가 아직 이르지 아니했나이다

5 그의 어머니가 하인들에게 이르되 너희에게 무슨 말씀을 하시든지 그대로 하라 하니라

6 거기에 유대인의 정결 예식을 따라 두세 통 드는 돌항아리 여섯이 놓였는지라

7 예수께서 그들에게 이르시되 항아리에 물을 채우라 하신즉 아귀까지 채우니

8 이제는 떠서 연회장에게 갖다 주라 하시매 갖다 주었더니

9 연회장은 물로 된 포도주를 맛보고도 어디서 났는지 알지 못하되 물 떠온 하인들은 알더라 연회장이 신랑을 불러

10 말하되 사람마다 먼저 좋은 포도주를 내고 취한 후에 낮은 것을 내거늘 그대는
지금까지 좋은 포도주를 두었도다 하니라

11 예수께서 이 첫 표적을 갈릴리 가나에서 행하여 그의 영광을 나타내시매 제자
들이 그를 믿으니라

우리를 사랑하셔서 이 세상에 오신 예수님은 공생애의 첫 기적
을 혼인 잔치에서 행하셨다. 물로 포도주를 만드신 것이다. 첫 기적
을 왜 혼인 잔치에서 베푸셨을까? 아마도 그분이 이 세상에 오신 목
적을 암시적으로 알려 주신 것이라고 생각한다. 우리에게 포도주, 즉
예수님의 보혈을 주기 위해 오신 메시아이심을 나타내고 또한 혼인
잔치를 통하여 그분과 우리와의 관계를 보여 주신 것이다. 예수님은
우리의 신랑이시며, 우리는 그분의 신부로서 앞으로 어린양의 혼인
잔치를 천국에서 치를 것임을 말씀하신 것이다.

이스라엘의 혼인 잔치에서는 포도주가 매우 중요하다. 잔치가 한
창 무르익을 즈음에 포도주가 떨어지자 예수님의 어머니가 예수님께
잔치에 포도주가 없다고 말했다. 그러나 "여자여 나와 무슨 상관이
있나이까? 내 때가 아직 이르지 아니했나이다."라고 예수님은 대답
하셨다. 왜냐하면 포도주가 없다는 말을 예수님의 보혈이 '지금' 필
요하다는 뜻으로 들으시고 아직 보혈을 흘리실 '때'가 아니라고 하신
것이다. 십자가에서 돌아가실 때가 되자 "이제는 때가 가까이 왔다."

라고 말씀하셨다. 예수께서 어머니에게 "여자여!"라고 부르신 것은 자신이 창세기 3장 15절에 말씀하신 여자의 후손임을 알리신 것이다. 공생애 사역의 첫 기적을 베푸실 때와 보혈을 흘리시고 십자가에서 돌아가시기 전 마지막 순간에 "여자여!"라고 부르심으로 자신이 여자의 후손으로 온 메시아이심을 분명히 밝히셨다.

5절에서 예수님의 어머니는 하인들에게 예수께서 무슨 말씀을 하시든지 그대로 하라고 말씀하시자 하인들은 순종했다. 항아리에 물을 채우라 하시니 아구까지 채웠고 물을 떠서 연회장에 갖다 주라 하시니 그대로 행했다. 유대인들이 발을 깨끗하게 씻기 위하여 물을 담는 돌항아리에 예수님의 말씀을 따라 물을 채우고, 방금 갖다 부은 물을 떠다 연회장에 가져다 주었다.

무슨 일이 일어났을까? 물을 떠서 연회장에게 갖다 주었는데 이 물을 맛본 연회장은 기뻐하며 좋은 포도주라고 칭찬했다. 그러면서 사람마다 먼저 좋은 포도주를 대접하고 손님들이 취한 후에 더 낮은 것을 내놓는데 이렇게 좋은 포도주를 갖고 있으면서 왜 지금까지 들고 오지 않았냐고 말했다. 연회장은 이 모든 일을 전혀 모르고 있었기 때문이다. 그러나 물을 떠온 하인들은 이 좋은 포도주가 어떻게 해서 생겼는지 알고 있다고 했다. 예수님이 말씀하신 대로 항아리에 물을 갖다 부은 후에 떠다 주었는데 물이 좋은 포도주로 변한 것이었다. 이 사실을 순종한 하인들은 알고 있었다. 이 기적의 능력은 예수님에게서 나왔다. 하인들은 단지 예수님이 명하신 대로 행동했을 뿐이다.

왜 물로 포도주를 만드셨을까? 포도주를 계속 마셔도 떨어지지 않게 하실 수도 있었을텐데 말이다. 열왕기상 17장 16절에 기록된 말씀대로 '엘리야 시대에 살았던 사르밧 과부의 기름병에 기름이 없어지지 않고 계속 있었던 것처럼 예수님은 전능하신 분이라서 얼마든지 다른 방법으로 그들의 필요를 채워 줄 수 있지 않았을까?'라고 잠시 생각해 보았다. 그런데 예수님은 물을 사용하셔서 포도주를 만드셨다.

이스라엘은 덥고 건조한 곳이다. 하루 종일 샌들을 신고 다니는 유대인들은 집에 들어갈 때 더러워진 발을 물로 씻었다. 발을 깨끗하게 씻는다는 것은 매일 짓는 죄를 용서받아 깨끗하게 된다는 의미가 있다. 정결 예식을 행하는 돌항아리의 물로 더 좋은 포도주를 만드셔서 그들에게 주신 것은 예수님의 보혈을 상징하며, 말할 수 없이 큰 용서를 하심으로 근본적인 문제를 해결해 주신 예수님의 구속 사건을 말씀하시는 것이다.

예수님은 우리를 대신하여 십자가에서 돌아가실 때 물과 피를 쏟으신 분이시다. 우리는 그분의 물과 피로 깨끗하게 죄를 씻김 받은 자들이다. 피로 씻김 받았다는 것이 목욕하는 것에 비유한다면 물로 씻김 받는 것은 매일 더러워진 발을 닦는 것이라 하겠다. 예수님이 물과 피를 쏟으심으로 우리를 죄에서 깨끗하게 하신 것은 온전한 구원과 용서가 이루어졌다는 의미이다.

이는 물과 피로 임하신 이시니 곧 예수 그리스도시라. 물로만 아니요 물과 피로 임하셨고 증언하는 이는 성령이시니 성령은 진리니라 (요일 5:6).

요한복음 4장에서 예수님이 야곱의 우물물로 영원한 생수를 우리에게 알려 주신 것과 같이 유대인의 흙 묻은 발을 닦는 데 쓰이는 물로 더 좋은 포도주를 만들어 주심으로써 예수님의 영원한 용서의 보혈을 가르쳐 주시고 맛보게 하시는 것이다. 창세기 22장에서 하나님은 아브라함과 이삭에게 뿔이 수풀에 걸려 있는 숫양을 통하여 예수 그리스도를 미리 보여 주셨다. 예수님이 주시는 영원한 생수를 야곱의 우물물에 비교할 수 없듯이 또한 예수님을 이삭 대신 죽은 숫양과 비교할 수 없다. 이와 마찬가지로 연회장이 칭찬한 맛 좋은 포도주 역시 예수님의 보혈과 어찌 비교할 수 있으랴!

8절에서 이제는 떠서 연회장에게 갖다 주라고 명령하셨을 때 하인들은 두려웠을 수도 있다. 포도주가 필요하다고 하는데 물을 갖다 주면 책망받을 수 있기 때문이다. 그러나 하인들은 자신들의 생각을 버리고 그대로 순종했다. 그럴 때 그 물은 10절에 기록되었듯이 좋은 포도주로 변했으며 하인들도 예수님이 행하시는 기적에 동참하는 축복을 누리게 되었다. 예수님은 가나 혼인 잔치에서 더욱 좋은 포도주를 제공하여 주셨듯이 우리에게는 이 세상의 어느 것과도 비교할 수 없는 가장 좋은 예수님의 보혈을 주셨다. 가나 혼인 잔치의 기적은 예수님의 구속 사건을 암시하고, 예수 그리스도가 메시야이시며, 우리의 신랑이심을 나타내신 매우 의미 있는 사건이다.

이스라엘의 혼인 풍습에는 정혼식과 혼인 잔치가 있다. 남자는 자기가 사랑하는 여인과 결혼하기 원하여 청혼할 때 포도주를 건네고 상대 여인이 받아 마시면 정혼이 이루어진다. 실제로 법적 부부가 된 것이다. 유대인들은 정혼식을 치른 후 최소한 약 1년 후에 혼인 잔치를 치른다고 한다. 정혼 후 신랑은 앞으로 결혼하여 살 거처를 준비하기 위하여 자기 집으로 돌아가고 신부는 신랑을 사모하며 아내로서 살아갈 준비를 하면서 신랑이 데리러 오기를 기다린다. 준비를 다 마치면 신랑의 아버지가 신랑이 혼인 잔치를 치르게 신부에게로 보내는데 그 '때'는 신랑의 아버지가 결정한다고 한다. 이스라엘의 혼인 풍습은 요한복음 14장 2-3절에 말씀하신 것처럼 우리와 예수님과의 관계를 잘 나타낸다.

우리는 예수님의 포도주, 즉 보혈을 받아 마시고 예수님과 정혼한 자들이다. 요셉과 마리아가 정혼한 부부인 것처럼…. 마태복음 1장 19절과 20절에 보면 "그의 남편 요셉" "네 아내 마리아"라는 표현이 나온다. 마리아에게서 잉태되어 태어나신 예수님이 요셉의 족보에 오른 것을 보면 요셉과 마리아는 법적 부부이다. 이와 마찬가지로 예수님과 우리도 보혈로 맺어진 법적 부부이다. 이것은 우리의 정체성에 대한 매우 중요한 개념인데 법적으로 예수님의 아내가 된 우리에게는 성경이 약속하신 대로 그분의 이름과 모든 것을 공유할 수있는 권한이 주어졌다. 대단한 법적 권한이 있는 우리는 하나님의 사랑을 받는 자녀요, 그리스도와 함께한 하나님의 상속자이다. 또한 예수님의 사랑스러운 신부이기에 다시 오실 예수님을 사모하며 기다리고 있다. 천국에서 있을 어린양의 혼인 잔치를 치를 그 '때'를 기대하며 이 세상의 혼인 잔치를 볼 때마다 우리는 다시 오실 예수님과 천국에서 혼인 잔치를 치를 자임을 기억하며 깨어 있어야 한다. 하나님의 어린양의 신부인 나를 데리러 오실 신랑 예수 그리스도를 사모하면서 말이다.

어느 여인의
중보기도

.

| 사무엘하 21장 1-14절 |

1 다윗의 시대에 해를 거듭하여 삼 년 기근이 있으므로 다윗이 여호와 앞에 간구하매 여호와께서 이르시되 이는 사울과 피를 흘린 그의 집으로 말미암음이니 그가 기브온 사람을 죽였음이니라 하시니라

2 기브온 사람은 이스라엘 족속이 아니요 그들은 아모리 사람 중에서 남은 자라 이스라엘 족속들이 전에 그들에게 맹세했거늘 사울이 이스라엘과 유다 족속을 위하여 열심이 있으므로 그들을 죽이고자 하였더라 이에 왕이 기브온 사람을 불러 그들에게 물으니라

3 다윗이 그들에게 묻되 내가 너희를 위하여 어떻게 하랴 내가 어떻게 속죄하여야 너희가 여호와의 기업을 위하여 복을 빌겠느냐 하니

4 기브온 사람이 그에게 대답하되 사울과 그의 집과 우리 사이의 문제는 은금에 있지 아니하오며 이스라엘 가운데에서 사람을 죽이는 문제도 우리에게 있지 아니하니이다 하니라 왕이 이르되 너희가 말하는 대로 시행하리라

5 그들이 왕께 아뢰되 우리를 학살했고 또 우리를 멸하여 이스라엘 영토 내에 머물

지 못하게 하려고 모해한 사람의

6 자손 일곱 사람을 우리에게 내주소서 여호와께서 택하신 사울의 고을 기브아에 서 우리가 그들을 여호와 앞에서 목 매어 달겠나이다 하니 왕이 이르되 내가 내 주리라 하니라

7 그러나 다윗과 사울의 아들 요나단 사이에 서로 여호와를 두고 맹세한 것이 있으 므로 왕이 사울의 손자 요나단의 아들 므비보셋은 아끼고

8 왕이 이에 아야의 딸 리스바에게서 난 자 곧 사울의 두 아들 알모니와 므비보셋 과 사울의 딸 메랍에게서 난 자 곧 므홀랏 사람 바르실래의 아들 아드리엘의 다 섯 아들을 붙잡아

9 그들을 기브온 사람의 손에 넘기니 기브온 사람이 그들을 산 위에서 여호와 앞에 목 매어 달매 그들 일곱 사람이 동시에 죽으니 죽은 때는 곡식 베는 첫날 곧 보리 를 베기 시작하는 때더라

10 아야의 딸 리스바가 굵은 베를 가져다가 자기를 위하여 바위 위에 펴고 곡식 베 기 시작할 때부터 하늘에서 비가 시체에 쏟아지기까지 그 시체에 낮에는 공중의 새가 앉지 못하게 하고 밤에는 들짐승이 범하지 못하게 한지라

11 이에 아야의 딸 사울의 첩 리스바가 행한 일이 다윗에게 알려지매

12 다윗이 가서 사울의 뼈와 그의 아들 요나단의 뼈를 길르앗 야베스 사람에게서 가져가니 이는 전에 블레셋 사람들이 사울을 길보아에서 죽여 블레셋 사람들이 벧산 거리에 매단 것을 그들이 가만히 가져온 것이라

13 다윗이 그곳에서 사울의 뼈와 그의 아들 요나단의 뼈를 가지고 올라오매 사람 들이 그 달려 죽은 자들의 뼈를 거두어다가

14 사울과 그의 아들 요나단의 뼈와 함께 베냐민 땅 셀라에서 그의 아버지 기스의 묘에 장사하되 모두 왕의 명령을 따라 행하니라 그 후에야 하나님이 그 땅을 위 한 기도를 들으시니라

다윗의 시대에 해를 거듭하여 3년 기근이 있었다. 다윗이 여호와 앞에 나아가 간구하니 여호와께서 말씀하시기를 사울과 그의 집이 기브온 사람들과의 약속을 깨고 기브온 사람들을 죽였기 때문이라고 하셨다. 죄로 인한 송사 때문에 기근이 왔는데 억울한 자의 울부짖음이 하나님께 올라가서 3년 기근이 온 것이다. 가뭄과 홍수 등 자연재해가 임할 때 먼저 회개해야 하고, 그 후에 그 땅을 회복해 주시기를 구해야 한다. 다윗은 어떻게 속죄하여야 여호와의 기업을 위하여 복을 빌겠느냐고 기브온 사람들에게 묻자 그들은 사울의 자손 일곱을 사울의 고을 기브아에서 여호와 앞에 목매어 달겠다고 대답했다. 다윗 왕이 그들의 말대로 시행하겠다며 사울의 자손 일곱을 기브온 사람들의 손에 넘겨 주었다. 그리고 그들은 여호와 앞에 사울의 자손 일곱을 목매어 달았다. 다윗 왕은 공의로우신 하나님을 예표하고 3년 기근은 영적 상태를 표현한 것으로 볼 수 있는데 우리와 하나님과의 관계가 기근당한 것처럼 피폐해져 있다는 뜻이다. 하나님과 우리와의 관계를 끊어 놓는 죄를 회개하면 하나님은 모든 것을 다시 회복해 주신다.

10절에 아야의 딸 리스바가 굵은 베를 가져다가 바위 위에 펴고 하늘에서 비가 시체에 쏟아질 때까지 공중의 새와 들짐승이 범하지 못하도록 지켰다고 했다. 굵은 베는 회개를, 바위는 반석이신 예수 그리스도를 의미하며 하늘의 비는 하늘에서 은혜가 쏟아져 내리는 것을 말한다. 공중의 새와 들짐승은 악한 세력으로 '예수 그리스도의 대신 죽으심'을 훼방하고 빼앗아 우리에게 은혜가 임하는 것을 방해하고 누리지 못하게 하는 마귀들을 상징한다고 볼 수 있다. 아야의 딸 리스바가 한 일은 반석이신 예수 그리스도 안에서 회개하고 하늘의 은혜가 임할 때까지 예수 그리스도의 죽으심을 악한 세력이 빼앗지 못하게 밤낮으로 깨어 지킨 일이다. 즉 예수 그리스도의 죽으심을 믿음으로 나의 것으로 받아들이고 회개하여 은혜의 성령님이 임하시도록 깨어 있어야 함을 보여 주는 행동이었다.

성령님은 은혜의 단비로 비유되는데 예수 그리스도 안에서 회개하고 새롭게 되면 성령님이 임하시고 우리를 다시 예수 그리스도의 십자가로 인도하신다. 그래서 하늘에서 비가 쏟아진 후 사울의 뼈와 요나단의 뼈를 억울하게 대신 죽은 일곱 명의 뼈와 함께 그 아비 기스의 묘에 장사했다. 은혜의 성령님이 임하시면 죄인인 우리가 예수님과 함께 십자가에 못 박혀 죽었다는 사실을 깊이 깨닫게 해 주신다. 예수님께서 나를 위하여 무슨 일을 하셨는지 또 십자가의 죽음이 나와 무슨 연관이 있는지를 알게 하신다. 성령님이 우리의 영안을 열어 주셔야만 보고 깨달을 수 있다. 사람의 이성으로 이해하여 깨닫는 것이 아니며 성령님이 아니고서는 불가능하다. 우리의 타락한 옛 자

아는 예수 그리스도와 함께 십자가에 못 박혀 죽었고 이제는 예수님과 함께 부활한 새 피조물로 사는 것이다.

> 에베소서 4장 22절 Throw off your old sinful nature
> 너의 죄된 옛 사람을 벗어 버리고
> 에베소서 4장 24절 Put on your new nature, created to be like
> God
> 하나님 닮도록 창조된 새 사람을 입으라.

이러한 사실을 깊이 인식해야만 이 믿음으로 담대히 살아가게 된다. 그리스도 안에서 새 피조물로 살 수 있는 능력을 주시는 분이 바로 성령님이시다. 그렇게 함으로써 성령님은 하나님의 말씀을 우리를 통하여 이루어 가신다. 억울하게 죽은 사울의 자손 일곱 명의 뼈와 사울과 요나단의 뼈를 그 아비 기스의 묘에 함께 합장하고 나니 그 후에야 하나님이 그 땅을 위한 기도를 들으셨다고 기록되어 있다.

> 내가 그리스도와 함께 십자가에 못 박혔나니…(갈 2:20).

성령님을 통하여 말씀이 실행되었을 때 역사가 일어나듯이 우리도 십자가에서 예수님과 함께 죽어 합장되고 나면 그 후에야 하나님이 그 땅을 위한 기도를 들으신 것처럼 우리의 기도도 응답하신다. 이렇게 성령으로 행하는 믿음의 기도가 하나님 보좌에 올라가고 이 땅에 하늘의 응답을 가져온다.

이 말씀을 묵상하면서 왠지 모르게 나에게 주시는 말씀이라는 생각이 들었다. 특히 10절의 말씀이 내 마음속에 깊이 들어왔다. 나는 며칠 동안 이 말씀을 읽고 또 읽었다. 그리고 아야의 딸 리스바가 한 일이 내 머릿속에 그림으로 그려졌다. 굵은 베를 가져다가 자기를 위하여 바위 위에 펴고 곡식을 베기 시작할 때부터 하늘에서 비가 시체에 쏟아지기까지 밤낮으로 공중의 새와 들짐승들로부터 시체를 지키는 리스바의 모습! 나는 이것이 기도라는 생각이 들었다. 예수 그리스도의 이름으로 회개하고 은혜를 구하는 기도! 하늘의 은혜가 내려올 때까지 밤낮으로 깨어 있어 악한 세력이 훼방하지 못하도록 하는 파수꾼의 기도! '하나님이 나에게 혹시 이러한 기도를 원하시는 것이 아닐까?'라는 생각이 들면서 리스바와 같이 중보기도를 해야겠다고 마음먹었다. 우리 주변에는 교회를 다니면서도 구원의 확신이 없는 사람들이 많이 있는데 내 주변에도 그러한 가족들과 친지들이 있다고 생각해서 그들을 위하여 기도하기 시작했다.

모태신앙인 나는 평신도로서 하나님을 섬기며 살아왔는데 2008

년 12월 31일 송구영신 예배 때에 우리 부부는 하나님의 은혜로 선교사가 되었다. 하나님 앞에 두렵고 떨리는 마음으로 선교사로 파송 받으면서 이 일이 얼마나 귀하고 큰 축복인지를 실감했고 우리 부부가 안수받는 그 시간이 바로 하늘에서 은혜의 비가 쏟아진 시간이었다는 것을 알게 되었다. 왜냐하면 선교사로 파송받는 것을 옆에서 지켜 보시던 시아버지께서 의사인 내 아들이 세상에서 성공하는 것보다 선교사가 된 것을 진심으로 기뻐하신다는 놀라운 고백을 하셨기 때문이다. 아들이 예수 믿고 나서 세상의 성공을 추구하지 않았기에 그동안 아들에게 서운한 마음이 많으셨는데 이제는 선교사가 된 아들을 이해하게 되신 것이다. 아들의 믿음과 시아버지의 진심 어린 하나님 앞에서의 고백이 하나 되어 은혜의 성령님이 그 시간에 임하셨다.

우리 가족은 선교사 파송식에서 트럼펫 연주와 함께 "시온의 영광이 빛나는 아침" 찬송을 선포하듯 크게 불렀다. 민수기 10장 10절에 "또 너희의 희락의 날과 너희가 정한 절기와 초하루에는 번제물을 드리고 화목제물을 드리며 나팔을 불라 그로 말미암아 너희의 하나님이 너희를 기억하시리라 나는 너희의 하나님 여호와니라."는 말씀과 전쟁에 나갈 때에도 나팔을 불라고 하신 말씀이 기억 나서 트럼펫과 함께 찬양한 것이다.

시온의 영광이 빛나는 아침

어둡던 이 땅이 밝아 오네

슬픔과 애통이 기쁨이 되니

시온의 영광이 비쳐 오네.

2절, 3절, 4절 가사는 매였던 종들이 돌아오고 광야에 화초가 피며 싸움과 죄악이 가득했던 땅에 우리 주 예수님을 찬송하는 소리가 가득 차게 된다는 놀라운 회복의 소망을 선포하고 있다. 우리의 간절한 고백이 담긴 찬양이었다.

시아버지께서는 파송식 이후 시어머니에게 평생 처음으로 같이 가정 예배를 드리자고 하셨고 짧은 기간이었지만 구원받은 자의 변화된 삶을 사셨다. 우리를 선교사로 파송해 주신 교회에서 그동안 시아버지를 사랑으로 극진히 섬겨 주셔서 그분의 마음이 열리게 되었는데 하나님께서 미리 준비하게 하신 것 같다. 이러한 구원의 열매를 보게 하신 하나님께 감사드렸다.

그런데 불과 며칠 후, 2009년 1월 6일 새벽에 시아버지는 심근경색증으로 갑자기 소천하셨는데 돌아가신 모습을 뵈니 환하게 미소를 짓고 계셨다. 우리는 아버님의 장례를 치르면서 슬픔보다는 하나님의 은혜가 임한 것을 기뻐하면서 천국에서 다시 만나 뵐 것을 생각하

니 오히려 감사가 넘쳤다. 우리가 선교사로 파송받은 시점에 하나님
은 우리 가정에 이러한 은혜의 비를 내려 주셨고 예수님으로 말미암
은 구원이 아버님께 임하게 하신 것이다. 파송 교회의 여러 성도 분
을 비롯한 주위의 모든 분이 이러한 과정을 지켜 보며 하나님께 영광
을 돌렸다. 나는 하나님의 은혜에 너무 감사하여 그분의 묘소 앞에서
시편 118편을 크게 선포했다.

여호와께 감사하라 그는 선하시며 그의 인자하심이 영원함이로다
(시 118:1).

여호와는 나의 능력과 찬송이시요 또 나의 구원이 되셨도다 의인들의
장막에는 기쁜 소리, 구원의 소리가 있음이여 여호와의 오른손이 권
능을 베푸시며 여호와의 오른손이 높이 들렸으며 여호와의 오른손이
권능을 베푸시는도다(시 118:14-16).

주께서 내게 응답하시고 나의 구원이 되셨으니 내가 주께 감사하리이
다(시 118:21).

이날은 여호와께서 정하신 것이라 이날에 우리가 즐거워하고 기뻐하
리로다(시 118:24).

실망시킨 무화과나무

⋮

| 마가복음 11장 12-14절 |

12 이튿날 그들이 베다니에서 나왔을 때에 예수께서 시장하신지라

13 멀리서 잎사귀 있는 한 무화과나무를 보시고 혹 그 나무에 무엇이 있을까 하여 가셨더니 가서 보신즉 잎사귀 외에 아무 것도 없더라 이는 무화과의 때가 아님이라

14 예수께서 나무에게 말씀하여 이르시되 이제부터 영원토록 사람이 네게서 열매를 따 먹지 못하리라 하시니 제자들이 이를 듣더라

무화과나무의 사건은 예수님이 십자가에서 돌아가시기 며칠 전 새끼 나귀를 타고 예루살렘 성에 입성하신 그 이튿날 벌어진 일이다. 시장하신 예수님은 혹 열매가 있을까 하여 가서 보았는데 잎만 무성할 뿐 아무 열매도 찾을 수가 없었다. 성경은 이는 무화과의 때가 아니라고 말한다. 이 구절을 보면서 무화과의 때가 아니라서 열매가 없

는 것이 당연한 게 아닐까 생각했다. 그런데 예수님은 왜 그 나무를 저주하셨을까?

이스라엘에서는 무화과 열매가 1년에 4-10월까지 5차례 정도 맺히는데 유월절 즈음에 맺히는 첫 열매를 '파게'라 하고, 그다음 네 번에 걸쳐 맺히는 일반 열매는 '테에나'라고 한다. 첫 열매인 파게는 볼품없고 맛도 없어 사람들이 먹지 않으려 하기에 상품 가치가 없어서 다 따 버린다. 이 파게를 다 따 주어야 그다음에 열리는 열매가 볼품 있고 맛도 좋다고 한다. 네 번에 걸쳐 아주 맛있는 제철 무화과가 열리는 것이다. 성경이 무화과의 때가 아니라고 말하는 것은 바로 이 제철 무화과의 때가 아님을 말하는 게 아닌가 생각한다. 왜냐하면 예수님이 고난받으신 유월절 즈음에는 첫 열매인 파게가 열리는 때이기 때문이다. 그러므로 시장하신 예수님이 찾으신 열매는 첫 열매인 파게라고 생각된다.

이 파게는 너무 볼품없고 맛도 없어 부유한 자들은 아예 찾지도 않으며 가난하여 겨우내 굶주린 자들이나 나그네들이 따 먹었다. 파게는 이사야 53장 2-3절에 묘사된 예수님과 흡사하다. 고운 모양과 흠모할 만한 아름다운 것이 없어 사람들에게 귀히 여김받지 않고 멸시당하는 것이…. 고린도전서 15장 20절에 예수 그리스도는 죽은 자 가운데서 다시 살아나사 잠자는 자들의 첫 열매가 되셨다고 기록되어 있는데 무화과의 첫 열매인 파게는 부활의 첫 열매이신 예수님을 의미한다고 생각된다. 예수님은 파게를 기대하시고 열매를 찾으셨던 것인데 잎사귀 외에 아무 것도 없었다는 것은 부활의 첫 열매이신 예수 그리스도가 없다는 뜻이다. 무화과나무는 이스라엘을 상징하며 예수님이 찾으신 첫 열매인 파게가 없는 무화과나무는 예수님을 믿지 않는 당시의 유대인들의 영적 모습을 의미한다. 파게가 없는 무화과나무를 저주하신 것은 유대인들이 예수 그리스도를 믿지 않으면 생명이 없고 저주가 임할 수밖에 없다는 것을 알려 주신 것이다. 생명이신 예수님이 없는데 어찌 살 수 있겠는가? 살아 있는 것 같으나 죽은 자들이다.

영적 상태는 육적으로 나타나고 표현되는데 마음이 부하면 예수님을 찾지도 않을 뿐더러 싫어한다. 마음이 가난한 자, 병든 자, 고통 가운데 있는 자 특히 자기가 죄인임을 아는 자들만 예수님을 찾는다. 가난하여 겨우네 굶주린 자들이 무화과의 파게를 찾듯이…. 죄를 지어 넘어져 보기도 하고 또 자기 자신의 심한 내면의 문제 가운데 방황해 본 자 그리고 질병의 고통 가운데 절망해 본 자들은 예수님께 나오기 쉽다. 예수님 당시에도 서기관과 바리새인들은 예수님을 알아보지도 못할 뿐더러 자기들의 허황된 생각으로 오히려 핍박하고 십자가에 못 박아 죽였다. 그러나 자기가 죄인이라고 생각한 세리와

창녀들은 예수님을 알아보고 영접했다.

그다음 날 아침에 그들이 지나갈 때에 무화과나무가 뿌리째 마른 것을 보고 베드로가 생각나서 예수님께 "랍비여 보소서 저주하신 무화과나무가 말랐나이다."라고 말했다. 그분이 생명이시기에 생명 없는 나무는 결국 뿌리째 마를 수밖에 없는 것이다. 그러나 예수님은 뿌리째 마른 나무 같은 이스라엘에 가지가 연해지고 잎사귀를 내는 생명이 임할 것을 말씀하시며 그러한 일이 일어날 때 예수님이 가까이 곧 문 앞에 이른 줄 알라 하셨다. 이스라엘에 생명이신 예수님을 믿는 자들이 생기며, 무화과나무인 이스라엘에게서 첫 열매인 파게를 찾을 수 있게 된다는 소망의 메시지이다. 우리의 첫 열매 파게이신 예수님은 스가랴서에 예언된 왕이시다.

시온의 딸아 크게 기뻐할지어다. 예루살렘의 딸아 즐거이 부를지어다. 보라 네 왕이 네게 임하시나니 그는 공의로우시며 구원을 베푸시며 겸손하여서 나귀를 타시나니 나귀의 작은 것 곧 나귀 새끼니라 (슥 9:9).

마태복음 21장 1-9절 말씀을 보면 예언된 대로 예수님은 벳바게에서 새끼 나귀를 타고 예루살렘 성에 입성하셨다. 벳바게는 첫 열매인 파게 마을(집)을 뜻한다. 파게이신 예수님이 고난받으시고 죽으사 부활의 첫 열매가 되기 위하여 유대인의 왕으로 예루살렘 성에 입성하셨다. 그분이 이곳 벳바게에서 겸손하게 새끼 나귀를 타시고 종려 가지를 흔드는 무리 가운데를 지나 입성하신 사실이 흥미롭다. 왜냐하면 벳바게의 뜻과 파게이신 예수님과 일치하기 때문이다. 성경말씀을 묵상하며 마을의 이름까지도 다 의미 있는 것임을 보고 놀라지 않을 수 없었다.

발 씻겨 주기

⋮

4 저녁 잡수시던 자리에서 일어나 겉옷을 벗고 수건을 가져다가 허리에 두르시고

5 이에 대야에 물을 떠서 제자들의 발을 씻으시고 그 두르신 수건으로 닦기를 시작
하여

6 시몬 베드로에게 이르시니 베드로가 이르되 주여 주께서 내 발을 씻으시나이까

8 베드로가 이르되 내 발을 절대로 씻지 못하시리이다 예수께서 대답하시되 내가
너를 씻어 주지 아니하면 네가 나와 상관이 없느니라

9 시몬 베드로가 이르되 주여 내 발뿐 아니라 손과 머리도 씻어 주옵소서

10 예수께서 이르시되 이미 목욕한 자는 발밖에 씻을 필요가 없느니라 온몸이 깨
끗하니라 너희가 깨끗하나 다는 아니라 하시니

11 이는 자기를 팔 자가 누구인지 아심이라 그러므로 다는 깨끗하지 아니하다 하
시니라

14 내가 주와 또는 선생이 되어 너희 발을 씻었으니 너희도 서로 발을 씻어 주는 것
이 옳으니라

사랑하는 제자들과의 마지막 만찬 자리에서 예수님은 자기가 세상을 떠나 아버지께로 돌아갈 때가 이른 줄 아시고 세상에 있는 자기 사람들을 사랑하시되 끝까지 사랑하셨다. 식사하시면서 제자들에게 모두 떡과 잔을 주시며 이것은 너희를 위하여 주는 나의 몸과 피라고 말씀하셨고 저녁 잡수시던 자리에서 일어나 겉옷을 벗고 수건을 가져다가 허리에 두르시고 대야에 물을 떠서 제자들의 발을 씻으신 후 수건으로 닦아 주셨다. 사랑의 예수님이 제자들의 발을 씻기신 사건은 십자가에 못 박히시기 전날 밤에 마지막 만찬을 드시는 자리에서 일어난 일이었다.

　베드로의 발도 씻어 주려 하시자 베드로는 절대로 그럴 수 없다고 말했다. 내가 너를 씻어 주지 않으면 네가 나와 상관이 없다고 예수님이 말씀하시니 베드로는 그러면 발뿐 아니라 손과 머리도 씻어 달라고 했다. 목욕한 자는 발만 씻으면 된다고 하시며, 십자가에서 돌아가시기 전 그들을 사랑하여 친히 제자들의 발을 씻어 주셨다. 그리고 너희도 서로 발을 씻어 주라고 부탁하신 것이다. 맨발로 샌들을 신고 다니는 유대 지방에서는 발이 쉽게 더러워지기 때문에 집에 들어갈 때는 항상 물로 발을 씻어야 했다. 예수님이 십자가에서 죽으시기 전 마지막 만찬 자리에서 특별히 이 일을 행하신 것은 우리를 위하여 흘리신 피뿐만 아니라 '물'도 용서와 매우 깊은 의미가 있음을 말씀하시는 것이었다.

예수님은 십자가에서 피와 물을 쏟으신 분이시다. 피로는 우리의 온몸을 목욕시켜 주셨고 물로는 발을 씻겨 주셨다. 피로 목욕하고 물로 발을 씻음 받는다는 것은 온전히 깨끗하게 되는 것이며, 우리의 모든 죄를 용서받았다는 의미다. 우리를 온전히 용서하신 예수님은 물과 피를 흘리시므로써 영원한 생명을 주셨을 뿐만 아니라 매일 짓는 작은 죄까지도 용서하셨다. 그러므로 예수님이 우리의 발을 씻어 주신 것처럼 우리도 서로 발을 씻어 주어야 한다. 서로의 발을 씻어 주는 것은 예수 그리스도 안에서 용서받은 자들이 서로 행해야만 하는 일이다. 예수님의 큰 용서를 다시 기억하게 하는 중요한 의미가 있다고 생각한다. 예수님의 몸과 보혈을 기억하며 행하는 성만찬처럼…. 그리고 우리는 매일 더러워질 수 있다는 것을 겸손히 인정하고 서로 발을 씻어 줌으로써 우리가 용서받은 것처럼 우리도 서로의 죄를 용서해야 한다.

8절에서 보면 베드로는 이러한 의미를 몰랐기 때문에 예수님이 자기의 발을 씻기신다니 절대로 씻길 수 없다고 펄쩍 뛰었다. 인간적인 생각을 했기 때문이다. 예수님은 하나님 나라의 일을 말씀하시고 행하시는 것인데 영적인 눈이 어두워 보지 못하고 깨닫지 못하면 때로는 우리도 베드로와 같은 이러한 잘못을 얼마나 많이 범하는지 모른다. 예수님이 내가 너를 씻기지 않으면 너와 내가 상관이 없다고 하자 베드로는 발뿐 아니라 손과 머리까지도 씻겨 달라고 했다.

그렇다면 예수님의 피로 목욕한 자들이 왜 발을 물로 씻어야 하는지 생각해 보았다. 우리는 땅을 밟고 살기에 발에 먼지와 흙이 묻어 쉽게 더러워진다. 땅에는 흙을 먹고 사는 뱀들이 기어 다니고 우리 발에 흙이 묻으면 뱀들이 꼬이기 때문이다. 더운 유대 지방에서 샌들을 신고 하루 종일 다니다 보면 발에 흙이 묻어 그 흙을 매일 물로 씻어야 한다. 흙은 우리가 이 땅에 발을 딛고 사는 동안 우리를 더럽히는 죄를 상징하는데 발에 묻은 흙을 매일 물로 씻지 않으면 땅을 기어 다니며 흙을 먹고 사는 뱀이 와서 우리의 발을 상하게 하기 때문이다.

예수님은 우리를 사랑하시기에 뱀, 즉 마귀로부터 보호하시려고 발의 흙을 매일 씻으라고 하시는 것이다. 다시 말해 매일 서로 용서받고 또 남을 용서하여 죄 씻음을 행하라는 말씀이다. 나의 죄를 용서받아야 뱀이 꼬이지 않고 마귀가 나를 상하게 할 수 없다. 흙을 깨끗하게 씻었기 때문에 먹을 흙이 없기 때문이다. 또 나도 남을 용서하지 않으면 스스로 어둠의 무덤 안으로 들어가는 것이며 마귀의 종이 되는 것이다. 그리하여 예수님은 이 땅에서 끝까지 사랑하시는 제자들에게 그것도 마지막 만찬 자리에서 죄의 용서가 마귀의 계책을 물리치는 것임을 가르쳐 주신 것이다. 예수님의 몸과 피를 먹고 마심으로 죄사함을 받는 것 뿐만 아니라 매일 우리가 서로에게 짓는 죄에 대하여 서로 발을 씻어 주는 용서를 행하라 하셨다. 이것이 우리 가운데 역사하는 마귀에게서 자유로워지는데 매우 중요한 것이기에 몸소 행하심으로 본을 보이셨다.

14절에 "내가 주와 또는 선생이 되어 너희 발을 씻었으니…"라고 말씀하시며 용서하신 주님이 크신 분인 것처럼 용서하는 자가 큰 자라는 말이다. 반대로 종과 같이 겸손하게 발을 씻어 달라고 내밀 줄도 알아야 한다. 사실 자신의 더러워진 발을 남에게 씻어 달라고 내미는데는 자기를 낮추고 또한 부끄러운 부분을 자백하는 겸손한 용기가 필요하다. 이것이 진정한 겸손이라고 생각한다. 동시에 나도 남의 발을 씻어 주는 용서를 해야 한다. 예수님이 친히 말씀하시기를 이것을 알고 행하면 복이 있다고 하셨다.

남편의 간증을 통하여 말씀에 순종했을 때 어떠한 일이 일어났는지 나누려고 한다. 그는 직장생활을 하면서 상관에게 수년간 견디기 어려운 부당한 대우와 고통을 당했다. 몹시 괴로워하며 하나님 앞에서 기도로 해결해 보려고 발버둥을 쳤지만 그의 상한 마음은 쉽게 가라앉지 않았다. 억울한 일이 많았기에 그의 머릿속에는 온통 상관에 대한 생각으로 가득 차 있었다. 더욱 문제가 되었던 것은 그의 상한 마음보다 극도의 분노와 미움이 항상 그의 마음을 장악한 것이다.

어느 날 이 말씀을 같이 묵상하고 나누는 가운데 남편은 자기를 괴롭게 한 상관을 떠올렸다. 그리고 용서해야겠다고 마음 먹었다. 용서가 얼마나 중요한지를 깨닫게 되었기 때문이다. 말씀을 통하여 마음의 변화가 일어난 남편은 큰 용서를 받은 자로서 상관이 죄책감으로 묶여 있을지 모른다는 생각에 그를 자유케 해 주고 싶었다. 그는 이미 상관을 용서한 것이다. 정말 놀라운 생각의 변화였다. 먼저 자기의 더러운 발을 내밀어 씻어 달라고 요청하는 일이 상대방의 발도 쉽게 내밀도록 할 것 같은 생각이 들었지만 막상 실천하려고 하니 여러 가지 생각이 오고 가며 망설여졌다.

그러나 용기를 내어 하나님 앞에 하듯이 편지를 먼저 보냈다. 같이 지냈던 기간 동안 생각해 보니 상관에게 고마운 일이 많았는데 섭섭했던 일만 생각하여 고마움을 표현하지 못한 것에 대해 미안하다고 사과했다. 그리고 자기 때문에 마음 상한 일이 있었다면 용서해 달라고 말했다. 편지를 보낸 후 남편은 놀랍게도 오랫동안 묶여 있었던 마음의 문제에서 해방되었다. 더 이상 분노와 미움의 마음이 없어지고 오히려 긍휼한 마음이 생겼으며, 말씀에 순종했을 때 오는 기쁨과 평안을 경험했다. 비록 아직까지 상관에게 답장을 받지 못했다 할지라도….

옆에서 지켜본 나는 이제까지 용서의 문제가 사람과의 문제라고 생각했기 때문에 해결하는 데 어려움이 많았다는 것을 알게 되었다. 남편이 하나님 앞에서 순종했을 때 상대방의 반응과는 상관없이 그를 묶고 있었던 문제가 해결되는 것을 보면서 용서는 하나님과의 문제라는 것을 확신했다. 물론 하나님 앞에서 먼저 순종하고 사람에게도 행동으로 나타내야 한다. 그러나 내가 말하고자 하는 것은 상대방의 반응과 상관없이 우리가 먼저 "용서하라."는 하나님의 말씀에 순종하는 것이 매우 중요하다는 것이다. 하나님 앞에서 우리가 마땅히 할 부분을 순종하면 그다음 일은 하나님이 하신다. 중요한 것은 하나님 앞에서 진심으로 우리에게 죄 지은 자를 용서하는 것이다. 죄의 문제는 우리와 하나님과의 문제이기에 간음 죄와 살인죄를 저지른 다윗은 내가 하나님 앞에 범죄했다고 말했다.

우리가 죄를 심각하게 생각하고 반듯이 죄사함을 받아야 하는 것은 이 죄 문제가 하나님과 우리와의 관계에 매우 심각한 영향을 미치기 때문이다. 그렇기에 하나님 앞에서는 물론이고 상대방에게도 발을 씻어 달라고 먼저 용서를 구하는 겸손이 필요하다. 비록 거절을 당하여도 그 순종은 하나님 말씀 앞에서 하는 것이기 때문이다. 상대방이 기꺼이 내가 내민 발을 씻겨 준다면 그도 역시 하나님 앞에 순종한 것이다.

세상은 반대다. 발을 씻김 받는 자가 큰 자이고 씻어 주는 자가 종과 같이 천한 존재다. 더럽게 남의 발을 씻어 주고 다른 사람을 먼저 용서하는 것은 자존심이 상하는 일이라고 생각하기에 다들 꺼려 한다. 그러나 예수님은 발을 씻어 주는 자가 큰 자라고 하신다. 예수님처럼 주와 선생이라고…. 그리고 또한 다른 사람들의 발을 씻어 주라고 보내신다. 우리는 보냄 받은 자들이다.

예수님은 제자들의 발을 씻으시면서 하나님 나라의 빛을 제자들에게 비추셨다. 마지막까지 빛 된 진리의 말씀을 비추시며 제자들 모두가 깨끗해지기를 원하셨기에 자기를 배반할 자에게도 떡과 잔을 먹고 마시게 하셨으며 또한 그의 발도 씻겨 주셨다. 온전한 용서를 다 베풀어 주셨건만 가룟 유다는 만찬 자리에서 베푸신 예수님의 용서를 자기의 것으로 삼지 못했다. 자신의 죄에 대하여 베푸신 용서를 받아들이지 못한 가룟 유다는 자신이 책임져야 한다는 생각에 스스로 죽고 말았다. 다른 사람들을 용서하는 것도 중요하지만 먼저 예수님의 용서를 받아들이는 것이 얼마나 더 중요한지 모른다. 예수님의 용서를 먼저 받은 우리가 다른 사람들을 용서하고 또한 용서를 먼저 구해야겠다고 다짐해 본다. 예수님이 명하신 말씀에 우리의 의지와 생각을 복종시키면 그 말씀이 우리를 지키시기 때문이다.

너희가 누구의 죄든지 사하면 사하여질 것이요 누구의 죄든지 그대로 두면 그대로 있으리라 하시니라(요 20:23).

예배의 극치

⋮

| 요한복음 4장 9-10, 23-24절 |

9 사마리아 여자가 이르되 당신은 유대인으로서 어찌하여 사마리아 여자인 나에게 물을 달라 하나이까 하니 이는 유대인이 사마리아인과 상종하지 아니함이러라

10 예수께서 대답하여 이르시되 네가 만일 하나님의 선물과 또 네게 물 좀 달라 하는 이가 누구인 줄 알았더라면 네가 그에게 구했을 것이요 그가 생수를 네게 주었으리라

23 아버지께 참되게 예배하는 자들은 영과 진리로 예배할 때가 오나니 곧 이때라 아버지께서는 자기에게 이렇게 예배하는 자들을 찾으시느니라

24 하나님은 영이시니 예배하는 자가 영과 진리로 예배할지니라

예수님이 유대를 떠나 갈릴리로 가시는 도중에 피곤하여 야곱의 우물곁에 앉아 쉬고 계셨다. 제자들은 먹을 것을 사러 동네로 들어갔

기 때문이다. 때가 6시쯤이라고 하는데 오늘날로 말하면 낮 12시쯤
이다. 예수님이 물을 길러 온 사마리아 여자에게 물을 좀 달라고 하
자 그 여자는 어찌하여 유대인으로서 사마리아 여자인 나에게 물을
달라고 하느냐며 의아해했다. 그러자 예수님은 네가 하나님의 선물
과 물을 달라고 하는 내가 누구인 줄 안다면 오히려 나에게 구하고
생수를 주었을 것이라고 하셨다. 그리고 내가 주는 그 생수를 마시는
자는 영원히 목마르지 않다고 말씀하셨다. 듣고 있던 그 여자가 자기
에게도 그 생수를 달라고 청하자 예수님은 네 남편을 불러오라고 하
셨다. 남편이 없다고 대답하는 그 여자에게 예수님은 네 말이 옳다며
너에게 남편 다섯이 있었고 지금 있는 자도 네 남편이 아니라고 말씀
하셨다. 그 여자는 자기의 사생활을 다 아는 것을 보고 예수님을 선
지자라고 고백하며, 그동안 예배에 의문이 있었던 것을 물어보았다.

사마리아인의 조상은 이 산에서 예배했는데 유대인은 예배할 곳
이 예루살렘에 있다고 하니 어느 말이 맞는지…. 예수님은 이 산에서
도 말고 예루살렘에서도 말고 너희가 아버지께 예배할 때가 이르리
라고 대답하셨다. 장소에 대해 물었는데 예수님은 때에 대해 말씀하
시며 아버지께 참되게 예배하는 자들은 영과 진리로 예배할 때가 오
나니 곧 이때라고 하셨다. 어디에서 예배를 드리느냐보다 더 중요한
것이 영과 진리로 예배하는 것인데 지금이 바로 영과 진리로 예배할

때라는 것이다.

영과 진리(In spirit and in truth)로 예배한다는 것은 무슨 의미일까? 그것은 성령 안에서 그리고 예수 그리스도 안에서 드리는 예배를 말한다. 장소가 중요한 것이 아니고 어디서든지 성령 안에서, 예수 그리스도 안에서 하나님 아버지께 예배해야 함을 말한다. 아버지께서는 자기에게 이렇게 예배하는 자들을 찾으신다. 여자가 말하기를 메시아, 곧 그리스도가 오시면 이 모든 것을 알려 주실거라 하자 예수님은 내가 바로 '메시아'라고 대답하셨다. 그러자 그 여자는 물동이를 버려 두고 동네로 들어가 그리스도를 만났다고 전했다. 많은 사마리아인이 예수 그리스도께로 나아와 그의 말씀을 듣고 믿었으며, 그가 참 세상의 구주이신 줄 깨달았다.

이 이야기의 주인공인 사마리아 여자는 남편이 많던 여자였다. 채워지지 않는 사랑을 찾아 남편을 바꿔 가며 방황했지만 지금 살고 있는 남편을 통해서도 역시 채울 수가 없었다. 이것은 이 여자의 영혼의 목마름이 육적으로 나타난 것이라 본다. 목말라 헤매던 이 여자는 우리의 진정한 남편이신 예수 그리스도를 만나자 다시는 목마르지 않게 되었고 물동이를 버려 두고 동네에 들어가 많은 자에게 메시아이신 예수를 전했다. 이제 생수를 발견하여 영적 목마름이 해결되었고 우물물을 긷는 일은 아랑곳하지 않게 되었다. 많은 남편을 가진 이 여자의 이야기는 자연스럽게 진정한 예배에 대한 말씀으로 연결된다. 무슨 연관이 있는 것일까? 생각해 보았다.

예배라는 말은 영어로 워십(Worship)인데 최고의 가치를 하나님께 두고 그분만을 높인다는 뜻이다. 우리가 하나님을 예배한다는 것은 최고이신 그분과의 깊은 사랑으로 하나 되는 것을 말하며, 우리의 전부를 드림으로써 그분의 사랑에 응답하는 것이다. 가장 흡사한 모습은 부부 관계에서 찾아볼 수 있다. 남편이신 하나님이 우리를 사랑하시고 우리는 그분께 순종함으로 아름다운 사랑의 관계를 이루어 간다. 예배를 통해 사랑의 관계가 잘 이루어지면 영적 목마름이 없다. 하나님 대신 우상에게 마음을 빼앗기면 영적 목마름이 오고 이것을 영적 간음이라고 한다. 10절에 보면 예수님이 사마리아 여자를 만난 초반부에 하나님의 선물과 생수에 대해 말씀하셨는데 하나님의 선물과 생수는 성령님을 의미한다. 예수님은 우리에게 성령님을 주시는 분으로서 성령님을 통하여 진정한 예배를 알려 주시고 또 드릴 수 있게 해 주셨다.

예배를 이해하려면 구약의 제사를 살펴보아야 한다. 구약의 제사에서 제물인 어린양은 예수님을 예표한다. 레위기 1장을 보면 번제를 드리는 장면이 나오는데 여호와께 예물을 드리는 자는 속죄받기 위하여 흠없는 양이나 소의 수컷을 들고 와서 번제물의 머리에 안수한다. 우리의 죄를 하나님의 어린양이신 예수님께 전가하여 용서받 듯이…. 그리고 나서 그 번제물을 죽여 가죽을 벗기고 각을 떠서 제 사장에게로 가져간다. 아론의 자손 제사장들은 그 피를 가져다가 회 막문 앞 제단 사방에 뿌리고 그 뜬 각과 머리와 기름을 제단 불 위에 있는 나무에 벌여 놓고 내장과 정강이를 물로 씻어 그 전부를 제단 위에서 불살라 번제로 드렸다. 그러면 하나님이 기쁘게 받으시고 속 죄하여 주셨다. 화목죄, 속죄제, 속건제도 마찬가지이다.

레위기 2장 1-2절에 나오는 소제, 즉 곡식을 드리는 제사에서도 고운 가루로 예물을 삼아 그 위에 기름을 붓고 또 그 위에 유향을 놓 아 제단 위에서 불사를 때 이것이 화제며 여호와께 향기로운 냄새라 고 했다.

나는 구약의 제사를 보며 제물과 함께 '기름'을 제단 위에서 태워 여호와께 향기로운 제사가 되게 하는 것에 관심이 집중되었다. 제물 은 흠없는 어린양이고, 생명의 떡이신 예수님을 예표하며, 번제물의 머리에 안수하여 제단에서 불사르는 것은 예수님의 십자가 대속의 죽음을 의미한다. 성경에서 기름은 성령님을 상징하는 뜻으로 쓰일 때가 많은데 하나님께 제사할 때는 속죄 양이시며 떡이신 예수 그리 스도와 기름이신 성령님으로 해야 한다는 것을 뜻한다.

하나님은 영이시니 예배하는 자가 영과 진리로 예배할지니라

(요 4:24).

강도 만난 자에게 선한 사마리아 사람이 가까이 가서 기름과 포도주를 그 상처에 붓고 싸매어 주었듯이 우리의 상한 심령과 병든 곳에도 기름과 포도주, 즉 성령님과 예수님의 보혈을 붓고 싸매어 주면 치료되고 회복이 일어난다. 마찬가지로 하나님 아버지께 영과 진리, 즉 성령님과 예수님 안에서 드리는 예배도 우리를 치유하고 회복시킨다.

또한 창세기 4장 1-15절에 아담의 두 아들 가인과 아벨의 이야기가 나오는데 여호와 하나님께서 농사하는 자였던 가인이 여호와께 드린 그의 제물은 받지 않으시고 양치는 자였던 아벨의 제물은 받으셨다. 이 말씀을 대할 때마다 가인은 농사하는 자였기 때문에 당연히 곡식 제사, 즉 소제를 드린 것인데 받지 않으시고 왜 아벨의 제사를 기뻐하시고 받으셨는지 이해되지 않았다. 나는 말씀을 묵상하면서 영과 진리로 예배하라는 예수님의 말씀을 비추어 보았다.

예수님께서 마지막 만찬 때에 제자들에게 예수님을 기념하라고 하시며 우리를 위해 찢기시고 흘리신 예수님의 살과 피를 의미하는 떡과 포도주를 먹여 주신 것을 보면 곡식 제사, 즉 소제와 소와 양을

드리는 동물 제사 둘다 의미가 있는 것을 알 수 있다. 예수님은 우리의 생명의 떡이시며 떡과 포도주는 예수님을 의미한다. 그렇다면 가인의 제사와 아벨의 제사의 다른 점이 무엇이었기에 하나님께서 가인의 제물은 받지 않으시고 아벨의 제물은 받으셨을까? 살펴 보니 여호와께서 받으신 아벨과 그의 제사는 양의 첫 새끼와 그 기름으로 드렸다고 기록되어 있는데 가인의 제사에는 기름을 드렸다는 말이 없다. 레위기 2장 1-2절에 소제를 드릴 때에도 소제의 예물에 기름을 붓고 유향을 놓아 제단 위에서 불사를 때 번제와 마찬가지로 여호와께 향기로운 냄새라고 하며 기름과 함께 드려야 한다는 것을 말하고 있다. 기름과 함께 드리지 않는 가인의 제사는 향기로운 제사가 아니기에 여호와 하나님께서 받으실 수 없는 것이다. 기름, 즉 성령과 진리로 예배하라는 예수님의 말씀과도 같은 맥락이다.

또 한 가지 흥미로운 사실은 창세기 4장 3절에 가인은 "땅의 소산"으로 제물을 삼아 여호와께 드렸다고 기록되어 있다. 농사하는 자였기 때문에 곡식으로 제물을 삼아 드렸다고 기록될 수도 있었을 텐데 "땅의 소산"이라는 표현을 쓴 것에도 무슨 의미가 있지 않을까 궁금했다. 고린도전서 15장 46-49절에 보면 첫 사람 아담은 육의 사람이요 땅에서 났으며 흙에 속한 자와 같고 마지막 아담인 예수님은 신령한 사람이요 하늘에서 나셨으며 하늘에 속한 이와 같다고 기록되어 있다. 육의 몸으로 심고 영의 몸으로 다시 살아나야 하듯이 하늘의 소산이 아닌 땅의 소산이란 하나님께 올라갈 수가 없는 것이다. 로마서 8장 7절에 육신의 생각은 사망이기에 하나님과 원수가 되고 하나님의 법에 굴복하지 아니할 뿐 아니라 할 수도 없다고 했다. 이 말씀에 비추어 볼 때 가인의 제사는 땅의 소산으로 제물을 삼아 드렸기에 여호와 하나님께 향기로운 제사로 올라갈 수 없는 것이다. 창세기 4장 7절에 하나님은 가인에게 선을 행치 않았다고 말씀하셨다. 또한 히브리서 11장 4절에서 아벨의 제사는 믿음으로 드린 것이며 아벨을 의로운 자라 하셨다. 양의 첫 새끼와 그 기름으로 드린 아벨의 제사! 우리가 예수 그리스도와 성령님을 통하여 드리는 것이 믿음으로 행하는 것이며, 이러한 자를 의로운 자라 하신다. 이럴 때 하나님은 그 제물과 함께 제사를 드린 자를 받으시는 것이다. 아벨과 그 제물을 받으신 것처럼…. 다시 말해 하나님이 우리를 받으시는 것은 예수님과 성령님 때문이다.

마가복음 14장 3-9절에 예수님께 향유를 부은 여자의 이야기가 나온다. 삼백 데나리온 이상 되는 매우 비싼 향유를 아낌없이 예수의 머리에 부으니 이를 본 어떤 자들은 화를 내며 그 여자를 책망했다. 향유를 허비했다고 말이다. 그러나 예수님은 그 여자가 좋은 일을 했다고 하며, 힘을 다하여 내 몸에 향유를 부어 예수님의 장례를 미리 준비했다고 칭찬하셨다. 이 일은 예수님이 십자가에서 죽으시기 며칠 전에 일어난 일인데 속죄 제물이신 예수님께 향유를 부은 영적으로 매우 의미 깊은 사건이다. 하나님의 어린양 예수님께 향기로운 기름이 부어짐으로 여호와 하나님 앞에 향기로운 제물이 되게 한 것이다. 예수님의 십자가에서의 죽으심은 하나님께서 기쁘게 받으신 온전한 제사이다. 아벨의 제사처럼…. 그래서 예수님은 자신에게 향유를 부은 여자를 칭찬하시며 복음이 전파되는 곳에는 이 여자의 행한 일도 말하여 그를 기억하리라 하셨다.

나는 진정한 예배의 모습을 창세기에서 발견했다. 모리아 산에서 드리는 아브라함의 예배는 나를 갈보리 십자가에서 거룩한 산 제물로 자신을 드리신 예수님의 예배에로까지 인도했다. 창세기 22장 1-14절에 보면 하나님이 아브라함을 시험하려고 그의 사랑하는 독자 이삭을 모리아 땅으로 가서 내가 네게 일러준 한 산에서 그를 번제로 드리라고 말씀하셨다. 자기의 자식을 불태워 드리는 제사는 당시에 이방 신을 섬기는 자들이 하는 것이었다. 이해할 수 없는 일을 하라는 하나님의 말씀을 그대로 순종하기 위하여 아브라함은 이삭과 두 종을 데리고 하나님께서 지시하신 곳으로 떠난다. 제 삼 일에 종들에게 말하기를 내가 아이와 함께 저기 가서 예배하고 우리가 너희에게로 돌아오리라고 했다. 이 구절은 우리가 이해하기 어려운 구절들 중의 하나이다. 이삭은 예수님을 예표하는데 죽으러 가는 이삭이 아버지 아브라함과 함께 다시 살아서 돌아온다는 말은 부활의 예수님을 암시하는 것이라 생각되었다.

그가 하나님이 능히 이삭을 죽은 자 가운데서 다시 살리실 줄로 생각한지라 비유컨대 그를 죽은 자 가운데서 도로 받은 것이니라 (히 11:19).

죽은 자 가운데서 다시 사신 예수님을 연상케 하는 구절이다. 번제 나무와 불과 칼을 가지고 두 사람이 가는데 이삭이 아브라함에게 번제할 어린양은 어디 있느냐고 물었다. 아브라함은 하나님이 친히 준비하시리라 대답하고는 일러주신 곳에 이르자 제단을 쌓고 나무를 벌여 놓고 이삭을 결박하여 죽이려고 칼을 들었다. 이때 여호와의 사자가 그를 불러 그 아이에게 손을 대지 말라며 네 독자까지도 내게 아끼지 아니했으니 내가 이제야 네가 하나님을 경외하는 줄을 아노라고 말씀하셨다. 그러자 아브라함의 눈에 뿔이 수풀에 걸려 있는 숫양이 보였고, 그 숫양을 가져다가 아들 이삭을 대신하여 번제를 드렸다.

나는 숫양의 죽음 안에서 이삭의 죽음을 보았다. 아마 아브라함도 나와 동일한 것을 보았으리라 생각한다. 지금 자기 옆에 살아 있는 아들 이삭은 죽은 자 가운데서 도로 받은 것이다. 이 일을 겪은 아브라함은 하나님을 알게 되었다. 하나님께 순종한 아브라함의 행동은 우리를 사랑하사 독생자 예수님까지도 아끼지 않으시고 내어 주신 하나님 아버지의 크신 사랑을 가장 잘 표현한 거룩한 행동이었다. 하나님 아버지의 깊은 속마음이 아브라함과 이삭을 통하여 나타난 것이다. 그러므로 우리는 하나님 아버지께서 우리를 얼마나 사랑하시는지를 피부로 느끼게 되었다. 신적인 사랑을 우리의 눈높이에 맞추어 인간 아브라함을 통하여 이해시키셨다.

아브라함의 예배는 우리에게 이삭 대신 죽는 숫양, 즉 예수 그리스도를 만나게 해 줄 뿐만 아니라 예수님께서 또한 나 대신 십자가에서 속죄 제물이 되셨음을 깨닫게 해 준다. 하나님이 가장 기뻐받으시는 거룩한 산 제물은 바로 십자가에서 죽으신 예수 그리스도이시며, 그분이 진정한 예배자이시다! 우리는 하나님 아버지께 예배하기 위하여 나아갈 때마다 예배자의 본이신 예수 그리스도의 십자가를 바라보아야만 하며, 그 십자가에서 속죄의 산 제물이신 그분과 연합되어 나 또한 거룩한 산 제물로 드려져야 한다.

내가 그리스도와 함께 십자가에 못 박혔나니…(갈 2:20상).

우리가 예수님과 연합되는 예수님의 십자가는 하나님의 말씀에 온전히 순종해야만 다다를 수 있는 곳에 있다. 예수님도 순종하심으로 지신 그 십자가! 거룩하신 성령님은 그곳에 임하신다.

예배의 극치는 예수님과 연합되어 드려진 산 제물에 성령님의 기름 부으심이 임하여 향기로운 예배로 하나님 아버지 앞에 올라가는 것이다. 하나님은 이러한 예배를 기쁘게 열납하시며, 온전한 예배라 하신다. 기도도 이와 마찬가지라고 생각한다. 예수님과 연합된 자가 예수 그리스도의 이름으로 기도하면 성령님이 그 기도에 기름을 부으시어 향기로운 기도로 하나님 아버지의 보좌 앞에 올라가 응답되는 것이다.

예배는 하나님과 우리와의 인격적인 만남이므로 예배를 통하여 하나님이 하신 일을 칭송해 드리고 찬양과 경배로 그분을 높여 드려야 하는 것이다. 그리고 그분의 사랑에 순종으로 응답해야 한다. 자기의 독자 이삭을 바친 아브라함처럼 또한 십자가에서 죽으신 예수님처럼…. 그럴 때 내가 이제야 네가 나를 경외하는 줄 알았노라는 하나님의 음성을 듣게 되고 아브라함에게 임한 축복이 우리에게 임하는 것이다. 예수님도 순종하셨을 때 부활의 영광과 모든 이름 위에 뛰어난 이름을 얻으셨다. 그리고 하나님 보좌 우편에 앉으시게 된 것이다. 우리는 하나님의 사랑에 대한 반응인 예배를 통하여 사마리아 여인처럼 영적 목마름을 해결받을 뿐만 아니라 하나님과 온전히 하나가 되는 것이다. 이것이 진정한 예배의 축복이다.

그러므로 형제들아 내가 하나님의 모든 자비하심으로 너희를 권하노니 너희 몸을 하나님이 기뻐하시는 거룩한 산 제물로 드리라 이는 너희가 드릴 영적 예배니라(롬 12:1).

무덤이 열리고

⋮

| 마태복음 27장 50-54절 |

50 예수께서 다시 크게 소리 지르시고 영혼이 떠나시니라

51 이에 성소 휘장이 위로부터 아래까지 찢어져 둘이 되고 땅이 진동하며 바위가 터지고

52 무덤들이 열리며 자던 성도의 몸이 많이 일어나되

53 예수의 부활 후에 그들이 무덤에서 나와서 거룩한 성에 들어가 많은 사람에게 보이니라

54 백부장과 및 함께 예수를 지키던 자들이 지진과 그 일어난 일들을 보고 심히 두려워하여 이르되 이는 진실로 하나님의 아들이었도다 하더라

예수님이 십자가에서 돌아가시는 장면이다. 돌아가시자마자 믿기 어려운 일들이 벌어졌다. 성소 휘장이 찢어지고 땅이 진동하며 바위가 터져 무덤이 열렸다고 했다. 그리고 자던 성도들의 몸이 일어나

고 예수님의 부활 후에는 무덤에서 나와서 거룩한 성에 들어가 많은 사람에게 보였다고 기록하고 있다. 이러한 기록이 사실이 아니라면 성경은 더 이상 이 세상에 존재하지 못했을 것이다. 예수님을 미워하고 죽이는 세력들이 가만히 있지 않았을 것이기 때문이다. 54절에서는 백부장 및 함께 예수를 지키던 자들이 지진과 그 일어난 일들을 보고 심히 두려워했다고 기록되어 있다. 그들의 눈 앞에서 벌어진 일들을 직접 보았기 때문이다. 그러나 성경이 진리라고 말하는 우리들은 사실상 믿기 어려운 일이라고 생각한다. 땅이 흔들리는 지진만 일어나도 어찌할 바를 몰라하는데 바위가 터지고 무덤이 열리고 죽었던 사람이 살아서 걸어 나오니 이 얼마나 두렵고 놀랄 일인가! 거기다가 거룩한 성에 들어가 많은 사람에게까지 나타나 보였으니 어찌 더 이상 할 말이 있겠는가! 나도 처음에는 믿기가 어려웠다.

예수님은 공생애 기간 동안 많은 기적을 우리에게 보여 주셨다. 병든 자들을 고쳐 주셨고 풍랑을 잔잔케 하셨으며 물로 포도주를 만드시는 기적을 베푸셨다. 또한 배고프고 지친 자들을 위하여 물고기 두 마리와 보리떡 다섯 개로 오천 명 이상을 먹이는 일도 있었다. 그러나 예수님이 십자가에서 대속의 죽음을 감당하셨을 때에는 무덤이 열리고 자던 성도들이 무덤에서 일어나 나오는 엄청난 일이 일어났던 것이다. 이것은 예수님의 대속의 죽음이 사망의 권세를 이기시고 승리하셨다는 것을 나타내며 그 증거로 사망 권세 아래에 있는 무덤이 열리고 그 안에 갇혀 있던 성도들이 해방되었던 것이다. 예수님의 부활 후에 자던 성도들이 열린 무덤에서 살아서 걸어 나왔는데 이러한 일들이 일어난 것을 본 자들은 "예수님은 진실로 하나님의 아들이었다."라고 고백하지 않을 수 없었다.

나는 예수님의 십자가에서의 죽으심과 부활에 대한 말씀을 진지하게 묵상하면서 이 말씀이 사실일진대 그렇다면 나와는 무슨 상관이 있는지 깊이 생각했다. 그러면서 이 일은 내가 예수 그리스도와 함께 십자가에서 합장하여 죽을 때 나에게도 일어난 일이라는 것을 알았다. 성소 휘장이 위로부터 아래로 둘로 찢어졌을 때 하나님과 나 사이에 막힌 담이 허물어졌다. 땅이 진동하여 바위가 터지고 무덤이 열리며, 굳은 땅과 같은 또 바위 같은 내 마음을 지진을 일으켜 깨뜨리시고 닫힌 무덤을 여사 그 안에서 자던 나를 일으키신 것이다. 사망의 권세에서 풀려나 열린 무덤에서 나온 나는 하나님 나라에서 살게 되었고 하나님을 "아빠! 아버지"라고 부르게 된 것이다. 이제 더이상 사망의 권세와는 상관이 없는 자가 되었으며 오히려 하나님을 찬양하며 경배하는 자가 되었다. 2천 년 전에 실제로 일어났던 이 일은 지금도 예수 그리스도의 죽으심과 부활을 믿고 자기를 예수님과 함께 십자가에 합장하는 자는 누구에게나 또다시 일어나는 일이다.

사망과 음부의 열쇠를 지니신 예수님이 십자가에서 돌아가셨을 때 무덤들이 지진을 통하여 열렸던 것처럼 사도행전 16장 25-26절에서 바울과 실라가 감옥에 갇혔을 때에도 기도와 찬송을 할 때 큰 지진이 나서 옥터가 움직이고 문이 다 열리며 모든 사람의 매인 것이 다 풀어졌다고 기록되어 있다. 예수님의 무덤도 지진이 일어나면서 열렸는데 이 일은 예수님이 십자가에서 죽으시고 부활하셨기 때문에 일어나는 일이다. 오늘날에도 우리가 하나님 아버지께 기도하고 찬송하면 내면에서 지진이 일어나고 옥문이 열리며 무덤 문이 열린다.

에스겔 37장 11-14절에도 무덤이 열리는 이와 유사한 이야기가 나온다. 에스겔은 마른 뼈들이 많은 골짜기로 인도되었는데 이 뼈들은 이스라엘 온 족속이라고 여호와 하나님은 말씀하셨다. 그들은 스스로 우리 뼈들은 말랐고 소망이 없어 다 멸절되었다고 생각하지만 하나님은 내가 너희 무덤을 열고 너희로 거기에서 나오게 하고 이스라엘 땅으로 들어가게 함으로 내가 여호와인 줄 알게 하리라고 하셨다. 예수님이 십자가에서 돌아가시고 부활하셨기 때문에 에스겔 37장에 예언된 말씀을 이스라엘 온 족속에게 대언할 때 들을 귀 있는 자들은 듣고 반응할 것이다. 이미 듣고 반응한 자들이 있으며 이 예언의 말씀은 계속 성취되어 갈 것이다. 예수님을 믿는 자들에게는 무덤이 열리고 사망 권세로부터 해방되는 일이 일어나는데 옥에 갇혔던 바울과 실라에게도 일어났고 지금도 예수 그리스도의 이름을 믿는 세계 곳곳에서 일어나고 있다.

부활의 첫 열매이신 예수님이 열린 무덤에서 나오신 것처럼 우리도 무덤 밖으로 나와야 한다. 요한복음 11장 41절-44절에 죽은 나사로가 열린 무덤 문에서 어떻게 나오는지 기록되어 있다. 먼저 나사로를 위하여 무덤 문을 막고 있던 돌을 옮겨 무덤 문을 열어 주셨다. 예수님은 하나님 아버지께 기도하신 후 나사로에게 무덤에서 나오라고 명령하셨다. 우리를 위하여 무덤 문을 열어 놓으시고 그 무덤에서 나오라고 부르시는 예수님의 음성을 듣고 반응할 줄 알아야 한다. 이제는 무덤 밖으로 걸어 나가야 할 때이며 이럴 때 온전한 복음의 능력을 경험하게 된다. 예수님의 죽으심과 부활이 얼마나 온전하며 위대한 일인지! 예수님이 이 땅에 다시 강림하실 때에도 이러한 일이 또다시 일어날 것을 성경은 예언하고 있다.

주께서 호령과 천사장의 소리와 하나님의 나팔 소리로 친히 하늘로부터 강림하시리니 그리스도 안에서 죽은 자들이 먼저 일어나고 그 후에 우리 살아 남은 자들도 그들과 함께 구름 속으로 끌어 올려 공중에서 주를 영접하게 하시리니 그리하여 우리가 항상 주와 함께 있으리라(살전 4:16-17).

바울과 실라를 지키던 간수는 지진이 나며 옥문이 열려 매였던 자들이 다 풀어지는 것을 보고 무서워 떨며 어떻게 하여야 구원을 받겠느냐고 말했다. 그러자 바울은 "주 예수를 믿으라 그리하면 너와 네 집이 구원을 얻으리라(행 16:31)." 하고 주의 말씀을 모든 사람에게 전했다. 이는 예수님이 십자가에서 돌아가시는 것을 지켜 보던 백부장과 함께 예수를 지키던 자들이 지진과 그 일어난 일들을 보고 심히 두려워하며 이는 진실로 하나님의 아들이었다고 고백한 일과 일맥상통한다. 마태복음과 사도행전 두 곳에 기록되어 있듯이 이런 일들을 본 자들은 두려워하며 하나님의 살아 계심을 믿고 인정하지 않을 수 없었다. 하나님은 지금도 자기의 백성들에게 무덤에서 나와 이스라엘 땅, 즉 하나님의 나라로 들어가라고 말씀하신다. 그리고 하나님의 생기를 우리 속에 부어 주시어 살아나게 하시고 큰 군대가 되게 하신다. 이제 하나님의 군사된 우리들은 아직도 사망의 세력에 묶여 고통받는 자들에게 예수님의 승리를 알리어 그들을 사망의 세력에서 풀어줘야 한다. 우리가 누리는 축복을 그들도 누리도록 말이다.

말씀하신 대로

:

| 야고보서 3장 2, 4-6, 8-10절 |

2 우리가 다 실수가 많으니 만일 말에 실수가 없는 자라면 곧 온전한 사람이라 능히 온몸도 굴레 씌우리라

4 또 배를 보라 그렇게 크고 광풍에 밀려가는 것들을 지극히 작은 키로써 사공의 뜻대로 운행하나니

5 이와 같이 혀도 작은 지체로되 큰 것을 자랑하도다 보라 얼마나 작은 불이 얼마나 많은 나무를 태우는가

6 혀는 곧 불이요 불의의 세계라 혀는 우리 지체 중에서 온몸을 더럽히고 삶의 수레바퀴를 불사르나니 그 사르는 것이 지옥 불에서 나느니라

8 혀는 능히 길들일 사람이 없나니 쉬지 아니하는 악이요 죽이는 독이 가득한 것이라

9 이것으로 우리가 주 아버지를 찬송하고 또 이것으로 하나님의 형상대로 지음을 받은 사람을 저주하나니

10 한 입에서 찬송과 저주가 나오는도다 내 형제들아 이것이 마땅하지 아니하니라

말은 우리 지체 중의 하나인 혀를 통하여 사람 속에 있는 것이 나오는 것으로 그 사람을 나타낸다. 그 사람을 나타내는 말의 통로인 혀는 작은 지체이지만 매우 중요하다. 왜냐하면 그 혀의 주인이 누구인가에 따라 의롭게 쓰임 받을 수도 있고 또 악하게 쓰임 받을 수도 있기 때문이다. 온전한 사람은 말의 실수가 없이 온전한 말을 할 것이다. 그러나 온전한 인간이 없기에 야고보는 우리가 다 실수가 많다고 하며 만일 말에 실수가 없는 자라면 온전한 사람이라고 말했다.

하나님의 통치가 없을 때 나타나는 우리의 혀를 아주 적나라하게 표현하기를 온몸을 더럽히고 삶의 수레바퀴를 불사르는 지옥 불이라 하며 작은 불이 많은 나무를 태워 산을 황폐하게 하듯 혀는 불이요 불의의 세계라고 했다. 말이 주인에게 순종하도록 하기 위해 입에 재갈을 물리고 또한 광풍에 밀려가는 큰 배에 작은 키를 달아 사공의 마음대로 움직이며 짐승과 공중의 새, 바다의 생물까지도 다 사람이 길들일 수 있고 길들여 왔지만 사람의 혀는 능히 길들일 사람이 없는 쉬지 아니하는 악이요 죽이는 독이 가득한 것이다. 하나님의 통치가 없는 사람의 혀는 이 정도로 독이 가득하고 악한데 이것은 곧 사람이 그렇다는 말이다. 사도 요한도 요한복음 2장 25절에 기록하기를 예수님이 친히 사람의 속에 있는 것을 아셨다고 했으며 예수님도 또한 "입으로 들어가는 것이 사람을 더럽게 하는 것이 아니라 입에서 나오고 그것이 사람을 더럽게 하는 것이다."라고 하셨다.

그렇다면 우리는 어떻게 해야 하나님의 통치에 순종하여 이 혀의 심각한 문제를 해결할 수 있겠는가? 무릇 사람은 할 수 없으나 하나님은 하실 수 있다는 말씀을 떠올리며 예수님이 십자가에서 물과 피를 쏟으실 수밖에 없었다는 사실을 마음속 깊이 떠올렸다. "오호라 나는 곤고한 사람이로다 이 사망의 몸에서 누가 나를 건져내랴 우리 주 예수 그리스도로 말미암아 하나님께 감사하리로다(롬 7:24-25 상)."라는 사도 바울의 고백이 나의 고백으로 터져 나온다. 어두웠던 내 마음에 밝은 빛이 비춰지면서 예수님이 승천하시기 전 제자들에게 "…예루살렘을 떠나지 말고 내게서 들은 바 아버지께서 약속하신 것을 기다리라. 요한은 물로 세례를 베풀었으나 너희는 몇 날이 못되어 성령으로 세례를 받으리라(행 1:4-5)."고 하신 말씀이 생각나자 사도행전 2장 1-4절 말씀으로 인도가 되었다.

오순절 날이 이미 이르매 그들이 다같이 한 곳에 모였더니 홀연히 하늘로부터 급하고 강한 바람 같은 소리가 있어 그들이 앉은 온 집에 가득하며 마치 불의 혀처럼 갈라지는 것들이 그들에게 보여 각 사람 위에 하나씩 임하여 있더니 그들이 다 성령의 충만함을 받고 성령이 말하게 하심을 따라 다른 언어들로 말하기를 시작하니라.

말씀하신 대로 오순절 날 그들이 모인 곳에 약속하신 성령의 세례가 임하고 방언을 하게 된 것이다. 사도행전 2장 11절에 보면 그들이 방언으로 하나님의 큰일을 말했다고 했다. 쉬지 아니하는 악이요 죽이는 독이 가득한 길들일 사람이 없는 우리의 혀에 성령님이 임하시어 주인이 되시니 혀가 새로워진 것이다. 성령님이 임하시고 새 사람이 된 후 가장 먼저 변화가 나타난 부분은 우리의 혀이다. 우리 혀의 주인이 성령님이 되시니 "성령이 말하게 하심을 따라" 말을 하게 된 것이다. 큰 배의 키와 같은 작은 지체인 혀를 성령님이 조정하시니 온몸이 그분의 뜻대로 운행하게 되었다. 혀뿐 아니라 온몸이 새로워진 것은 이제 나의 혀가 아니라 하나님의 혀가 되었기 때문이다. 모세의 지팡이도 더 이상 모세의 것이 아니고 하나님의 지팡이가 되었을 때 반석에서 물도 내고 홍해 바다를 갈랐다.

혀가 중요한 것은 말을 하기 때문이며 혀의 주인이 누구인가도 매우 중요하다. 큰 권세를 가진 자의 말은 그가 가진 권세만큼 힘이 있기 때문이다. 어린 자녀에게는 하늘 같은 부모의 사랑스러운 한마디가 희망을 주어 그의 인생을 성공적으로 바꾸기도 하고 반대로, 저주스러운 말 한마디가 자녀를 좌절시키고 심지어 죽음으로까지 몰아가기도 한다. 말은 우리의 인생을 좌지우지하는 힘이 있다. 그리고 권세자의 말은 말하는 대로 그대로 된다. 성경에는 하나님이 이 세상을 창조하실 때 말씀으로 하셨다고 기록되어 있다. 빛이 있으라 하시매 말씀하신 그대로 되었고 온 우주 만물을 그렇게 창조하셨다.

마태복음 8장에 보면 중풍병을 앓고 있는 하인 때문에 예수님 앞에 나와 고쳐 달라고 청하는 백부장의 이야기가 나온다. 예수님께서 들으시고 "내가 가서 고쳐 주리라(7절)."고 하자 백부장은 "주여 내 집에 들어오심을 나는 감당하지 못하겠사오니 다만 말씀으로만 하옵소서 그러면 내 하인이 낫겠사옵나이다 나도 남의 수하에 있는 사람이요 내 아래에도 군사가 있으니 이더러 가라 하면 가고 저더러 오라 하면 오고 내 종더러 이것을 하라 하면 하나이다(8-9절)."라고 대답했다. 예수님은 이스라엘 중 아무에게서도 이만한 믿음을 보지 못했다고 하시며 극찬하셨다.

왜 그러셨을까? 병사들에게 명하는 대로 그들이 행하는 것을 경험한 백부장은 말하는 대로 된다는 말의 권세를 알았기 때문이다. 권세를 가진 자가 말하면 그 아래에 있는 자는 듣고 순종하는 하나님 나라의 법칙을 백부장은 알고 있었다. 그래서 권세 있으신 예수님이 말씀하시면 낫게 된다는 고백을 한 것이다. 이것이 바로 믿음이다. 우리의 혀가 이제 더 이상 우리의 것이 아니라 권세 있으신 하나님의 혀가 되어 하늘의 신령한 일들을 말하고 구한다면 백부장의 믿음대로 하나님의 뜻이 어찌 그대로 이루어지지 않을 수 있겠는가?

이런 맥락에서 우리가 매일 하나님께 구하는 기도에 대하여 다시 생각해 보아야 한다. 권세 있으신 성령님이 말하게 하심을 따라 그대로 순종하며 기도하는지 말이다. 예수님을 증거하시기 위해 오신 성령님은 우리가 권세 있으신 예수님의 이름으로 기도하도록 인도하신다. 그런데 솔직히 말해 우리는 인간적인 기도, 즉 우리의 뜻을 구하는 기도가 참 많았다고 생각한다. 사무엘하 12장 16-23절에서도 보면 하나님께서 나단 선지자를 통하여 병든 아이가 반드시 죽을 것이라고 말씀하셨지만 다윗은 금식하며 밤새도록 땅에 엎드리어 간구했다. '혹시 여호와께서 불쌍히 여기사 아이를 살려 주실는지 누가 알까?'라고 생각했기 때문이었다. 인간으로서 더군다나 아버지로서 자식을 향한 그 마음이 이해는 되지만 우리도 다윗같이 인간의 의지적인 기도를 얼마나 많이 하고 있는지 모른다. 성령님이 우리를 장악하지 아니하시면 사람의 생각과 사람의 일을 구하는 우리의 의지적인 기도를 할 수밖에 없다.

마태복음 16장 21-23절에 예수님의 수제자였던 베드로의 이야기가 나오는데 3년간이나 가까이에서 예수님과 함께 생활했던 그도 예수님께서 십자가 지시기 전 고난 받고 죽임 당하셔야 한다는 말을 베드로에게 했을 때 그는 "그리 마옵소서 이 일이 결코 주께 미치지 아니하리이다."라고 말했다. 그러자 예수님은 베드로를 꾸짖으셨다.

왜냐하면 하나님의 일을 생각하지 아니하고 도리어 사람의 일을 생각했기 때문이다. 인간적인 생각이 하나님의 일을 얼마나 방해하고 거스르는지 다시 한 번 생각하게 하는 장면이다.

진정한 기도는 사람의 일을 구하는 것이 아니고 하나님의 일을 구하는 것이다. 그렇기에 성령님이 우리 안에서 말할 수 없는 탄식으로 우리를 위하여 대신 하나님의 뜻을 구하신다. 방언 기도가 능력이 있는 것은 성령이 말하게 하심을 따라 구하기 때문이다. 우리는 입술이 부정한 자들이라 제단 숯불로 우리의 입이 새로워지지 않으면 화가 임하여 망할 수밖에 없는 자들이다. 선지자 이사야의 입에 제단 숯불을 가져다가 대니 악이 제하여졌고 죄가 사하여졌다고 이사야 6장에 기록되어 있는데 사도행전 2장에도 오순절에 불의 혀처럼 갈라지는 것들이 각 사람 위에 하나씩 임한 후 성령 충만을 받고 성령이 말하게 하심을 따라 다른 언어들로 말하기를 시작했다는 기록이 있다. 이는 제단의 숯불을 입에 댄 후 악이 제하여진 것 같이 불의 혀처럼 갈라지는 것들이 임한 후 그들의 혀는 새로워져서 하나님의 뜻을 말하고 순종할 수 있게 된 것이다.

"내가 누구를 보내며 누가 우리를 위하여 갈꼬?" "주여! 제가 여기 있습니다. 저를 보내소서!" 주의 복음을 전하기 위해 보내심을 받는 자들은 새로워진 하나님의 입과 혀가 되어야 한다. 하나님 나라의 복음은 하나님의 입과 혀를 통하여 전파되기 때문이다. 말씀으로 이 세상을 창조하신 권세자 하나님의 말씀이 새로워진 우리를 통하여 온 천지에 선포되도록 그분의 부르심에 순종하는 복된 자가 되어야 겠다고 다시 한 번 다짐해 본다.

죽으면
죽으리라

⋮

| 히브리서 2장 14-15절 |

14 자녀들은 혈과 육에 속했으매 그도 또한 같은 모양으로 혈과 육을 함께 지니심
  은 죽음을 통하여 죽음의 세력을 잡은 자 곧 마귀를 멸하시며
15 또 죽기를 무서워하므로 한평생 매여 종 노릇 하는 모든 자들을 놓아 주려 하심
  이니

우리가 이 세상을 살면서 가장 어렵고 힘든 일은 죽음에 대한 두
려움이라고 생각한다. 실제 목숨이 끊어지는 죽음도 큰 문제이지만
미지의 세계에 대한 두려움과 매사에 자기가 원하는 대로 안 되고 실
패할까 봐 걱정하는 불안함 등 죽음의 권세에서 나오는 온갖 부정적
생각에 시달리는 것도 매우 심각한 문제라고 생각한다. 예수님은 죽
기를 두려워하여 죽음의 세력을 잡은 자에게 매여 한평생 종노릇하

며 사는 우리들에게 자유를 주시고 마귀를 멸하시기 위하여 우리와 똑같이 혈과 육을 지니시고 이 땅에 오셨다. 신이신 하나님이 인간 세계에 나타나신 모습이 바로 인자이신 예수님이시다. 그런데 예수님의 해결 방법은 우리의 방법과 달랐다. 죽음의 세력을 잡은 자 곧 마귀를 멸하시기 위하여 천지가 흔들릴 정도의 그분의 전능하심을 사용하실 것 같았지만 그렇게 하지 않으시고 그분 자신이 죽으심으로 죽음의 권세를 이기셨다. 그럼으로써 우리는 죽음의 권세에서 해방되었고 자유의 몸이 되었다.

마태복음 26장을 보면 십자가에서 돌아가시기 전 예수님은 겟세마네 동산에서 땀방울이 핏방울이 될 정도로 간절하게 하나님 아버지께 기도하셨다.

…내 아버지여 만일 내가 마시지 않고는 이 잔이 내게서 지나갈 수 없거든 아버지의 원대로 되기를 원하나이다 하시고(마 26:42).

이렇게 세 번을 기도하시고 나자 열두 제자 중에 하나였던 가룟 유다가 대제사장들과 장로들에게서 파송된 큰 무리와 함께 겟세마네 동산으로 와서 예수님께 입 맞추며 인사했다. 이는 그들과 짜고 입 맞추는 자가 예수님이시라는 것을 알리기 위한 것이었다. 그들이

칼과 몽치를 가지고 와서 예수님을 잡기 위하여 손을 대자 한 제자가 손을 펴고 칼을 빼어 대제사장의 종을 쳐서 그 귀를 떨어뜨렸다.

네 칼을 도로 칼집에 꽂으라 칼을 가지는 자는 다 칼로 망하느니라 (마 26:52).

예수님은 이렇게 말씀하시며 오히려 종의 귀를 고쳐 주셨다. 즉시 손을 펴서 칼을 빼는 모습이 우리의 모습이지만 칼을 거두라고 하신다. 칼을 사용하는 자와 칼을 의지하는 자는 칼로 인하여 해를 받고 망하게 된다고 말씀하셨다. 예수님은 칼에 비교할 수 없는 더 큰 권세를 가지신 분이셨지만 하나님의 말씀을 이루시기 위하여 자기를 비워 그 말씀에 순종하셨다. 하나님 나라의 법칙을 잘 아셨기 때문에 공의의 법칙대로 순종하심으로써 하나님의 말씀을 그분의 삶으로 이루신 것이다.

우리가 예수님을 믿고 따른다는 것은 하나님의 말씀이 우리를 통하여 이 땅에 이루어짐을 나타내 보이는 것이라고 생각한다. 예수님이 사신 것처럼 살다 보면 하나님은 우리가 집착하는 것들에 대하여 내려놓도록 요구하시는 것 같은 때가 있다. 예를 들면 사랑하는 남편과 자녀, 가족, 돈, 명예, 건강, 자존심, 인정 받으려는 마음, 안일한 삶 등…. 우리가 진심으로 하나님의 주권을 인정하고 그분만을 의지하는지 또 우리 인생을 어떻게 인도하시든지 전심으로 맡기며 따를 수 있는지 확인하고 싶어 하신다. 이럴 땐 잘 살고 싶은 우리의 원대로 안될까 봐 매우 망설이며 갈등한다.

창세기 22장 2절에 믿음의 조상인 아브라함의 이야기가 나오는데 여호와께서 아브라함에게 사랑하는 독자 이삭을 데리고 모리아 땅으로 가서 내가 네게 일러준 한 산 거기서 그를 번제로 드리라고 말씀하셨다. 백 세에 얻은 그리고 약속이 있는 그 아들을 번제로 드리라니 이해하기 힘들고 심지어 혼란에 빠지기 쉬운 상황이다. 하나님에 대한 절대적인 신뢰가 없다면 순종하기가 매우 힘든 말씀이다. 그러나 아브라함은 여호와 하나님 앞에서 자기의 생각과 아들 이삭을 다 내려놓고 여호와의 말씀에 순종했을 때 12-13절에 보면 이삭을 죽이지 말라는 여호와의 음성을 듣게 되고 그는 뿔이 수풀에 걸려 있는 한 숫양을 발견하여 이삭 대신 그 숫양을 번제로 드렸다. 이때의 아브라함의 순종은 죽음과도 같다고 생각한다. 이미 그는 여호와 하나님 앞에서 자기의 생각을 죽였으며 또한 독자 이삭도 죽였다.

이 숫양은 우리의 죄를 대신하여 죽임을 당하신 하나님의 어린양 예수 그리스도를 예표한다. 하나님은 아브라함에게 예수 그리스도를 주시기 위하여 그의 독자 이삭을 달라고 하셨던 것이다. 요한복음

4장 1-26절에서도 예수님은 사마리아 여인에게 그녀가 길은 우물물을 좀 달라고 하셨다. 왜 그러셨을까? 생수를 주고 싶으셨기 때문이다. 자꾸 마셔도 목 마른 물이 아닌 참 영생수를…. 우리에게 있는 것은 아무리 많이 가진다 하여도 목마르고 채워지지 않으며 우리에게 만족을 줄 수가 없다는 사실을 예수님은 잘 알고 계셨기에 영원히 목마르지 않는 하늘의 생수를 주시려고 하신 것이다.

나는 아브라함과 사마리아 여인의 이야기를 통하여 하나님께서 우리가 갖고 있는 것을 달라고 하실 때에는 우리의 것을 다시 주실 뿐만 아니라 더 좋은 영원한 것, 즉 하늘의 것을 주시기 위함이라는 사실을 깨닫게 되었다. 하늘의 그림자인 이 땅의 것을 통하여 실체 곧 하늘의 것을 보여 주고 싶어 하시는 우리 하나님 아버지의 깊은 본심을 알게 되니 그 사랑 앞에 고개를 숙이지 않을 수가 없다. 하나님 아버지의 마음을 잘 아셨던 예수님도 십자가에서 죽으심으로 그분의 생명을 하나님께 드리시고 부활의 생명을 얻으셨을 뿐만 아니라 모든 이름 위에 뛰어난 이름이 되셨으며 하나님 보좌 우편에 앉으셨다. 하나님은 모든 무릎으로 예수의 이름 앞에 무릎 꿇게 하심으로 그분을 가장 높이시고 하나님의 영광을 드러내셨다.

물질 만능인 지금 이 시대는 돈이 최고의 우상 중의 하나가 되었다. 하나님보다 돈을 더 의지하여 돈이 많으면 안심하고 잘 살아가

다가 돈이 없어지면 죽을 것 같아 한다. 이와 다를 바 없는 나에게도 돈에 대하여 하나님께서 다루신 작은 일이 있었다. 지금까지 믿음으로 살았다고 생각한 나는 캐나다에 이민 와서 내 생각이 착각이었다는 것을 알게 되었다. 한국에서 의사인 남편이 사표를 내고 정리하여 캐나다에 들어오려고 하자 나는 앞으로 어떻게 살아야 할지 막막하고 너무 두려워서 어찌해야 할 바를 몰랐다. 이때 나는 미지의 세계에 대한 두려움과 '혹시 실패하면 어떻게 해야 하나? 돈이 다 떨어지면…?' 등 실제 일어나지도 않은 일에 대한 걱정에 사로잡혀 있는 나의 적나라한 모습을 비로소 보게 되었다. 이제까지 안정적인 직업을 가진 남편과 그의 월급을 의지했기 때문에 걱정하지 않고 살아왔음을 알게 되었다. 그동안 나는 하나님을 의지한 믿음으로 살고 있다고 착각했던 것이었다. 남편이 캐나다에 와서는 의사도 아니고 정기적인 수입도 없고 그나마 그동안 벌어 놓은 돈을 가지고 생활하다 보니 숨이 조여 오는 것 같아 시간이 지날수록 당장 뭐라도 해야 할 것 같은 불안감에 살 수가 없었다.

내 모습은 하나님을 신뢰하고 때를 기다리는 믿음과는 너무나도 거리가 멀었고, 삶은 하나님의 능력이 돈의 능력보다 더 하찮고 보잘것 없다고 삶으로 고백하고 있는 것이었다. 입으로는 하나님을 믿는다고 말하면서 나의 삶의 행동은 하나님을 믿지 않고 우습게 알며 무시하고 있는 것이 아닌가! 이것은 하나님 앞에 심각한 범죄라는 생각이 들었다. 그리고 악한 것이라 깨닫고 나니 기가 막혔다. 나보다도 더 어려운 상황을 믿음으로 잘 견뎌 내시는 분들도 많은데 이 정도에서 이렇게 무너지다니 하나님 앞에 너무나도 죄송하고 부끄러웠다. 내가 새로워져야만 살 것 같아 하나님 앞에 나가 회개하기 시작했다. 나는 지금까지 하나님을 믿고 산 것이 아니고 남편의 월급을 믿고 살아온 죄인이니 용서해 달라고 눈물로 간구했다.

그 후 몇 달이 지나 좋으신 하나님 아버지는 내가 이렇게 형편 없는 자임에도 믿음 없는 나에게 좋은 길을 열어 주셨다. 남편은 캐나다의 임상병리사로 병원에 취직이 되었고 영어를 잘 못하는 나에게까지도 남편과 같은 병원의 검사실에서 채혈사로 같이 일할 수 있게 해 주신 것이다. 거기다가 그 지역에 살면서 선교까지 하게 하셨는데 이렇게 좋은 길을 미리 예비해 놓으신 것을 진작 알았더라면 두려워 떨지 않았을 텐데 너무 후회스럽고 죄송했다. 그 일 이후로 나는 캐나다에서 버는 돈은 모두 덤으로 생각되었다. 하나님이 길을 열어 주시지 않았다면 벌 수 없었기 때문이다. 이제 돈에 대해 조금은 자유롭게 된 나는 아이들에게도 풍성하게 해 줄 수 있었고 다른 사람에게도 쉽게 나누어 줄 수가 있게 되었다. 아직도 연약한 인간인지라 완전히 자유롭게 된 것은 아니지만 신기하게도 남에게 나누어 줄수록 돈에 대해 더 자유함을 느꼈다. 그리고 한국에서 의사의 아내로 살 때보다 훨씬 더 풍성함을 누렸다.

돈이 두렵고 돈에 대하여 자유함이 없다면 자선 기부나 구제를 함으로 이기는 것도 한 좋은 방법인 것 같다. 죽음으로 죽음의 권세를 이기듯이…. 성경은 하나님과 재물을 겸하여 섬길 수 없다고 말한다. 자기의 뜻을 포기하고 내려놓는 죽음은 하나님에 대한 믿음의 행동이다. 하나님이 하실 것을 절대적으로 믿기 때문이다. 풍성한 생명의 부활을 주실 것을….

예수님은 말씀하셨다.

누구든지 자기 목숨을 구원하고자 하면 잃을 것이요 누구든지 나와 복음을 위하여 자기 목숨을 잃으면 구원하리라(막 8:35).

또한 물에 대한 공포를 수영을 통하여 어떻게 극복했는지 나누고 싶다. 둘째 아이를 가졌을 때 천식이 발병되어 심한 호흡곤란을 여러 차례 겪었던 나는 물 속에 들어가면 질식하여 죽을 것만 같은 공포가 남들보다 더 심했다. 그런데 어느 날 어린 자녀들과 함께 수영하며 물놀이를 즐기는 가족들을 보는데 부러운 생각이 들었다. 그러면서 우리 가족이 함께 즐길 수 있는 운동으로 수영을 하고 싶었다. 왜

지 이번에 물에 대한 공포를 극복하지 못하면 평생 수영도 못하고 그만큼 내 삶이 빼앗기는 것 같아 과감하게 수영을 시도해 보았다. 천식 때문에 호흡 조절이 잘 안 되어 두통이 심하고 질식할 것 같은 두려움에 포기하고 싶은 순간이 많았다. 그렇지만 물 속에 자꾸 들어가 그러한 순간을 반복적으로 대면하다 보니 처음에 느꼈던 큰 공포가 점점 약화되었고 어느새 나도 모르게 물에 뜨게 되고 수영을 할 수 있게 되었다.

벌써 20년째 계속하고 있다. 나는 수영을 통해서 배운 바가 많다. 천식 때문에 숨 쉬는 것이 어렵다 보니 물의 존재가 처음에는 나에게 큰 두려움을 주었다. 그러나 물에 들어가 어느 선을 넘어 돌파가 되고 나니 더 이상 두렵지 않았을 뿐만 아니라 오히려 물을 다스리며 즐기게 되었고, 수영을 하니 건강도 좋아졌다. 공포를 극복하고 나서 드는 생각은 나에게 있어 물에 대한 근본 문제는 '두려움'이란 것을 알게 되었고 우리 삶의 모든 영역에서도 마찬가지라는 생각이 들었다. 지금까지 올바로 인식하지 못하여 빼앗기고 누리지 못한 삶이 얼마나 많았을까? 내가 먼저 수영을 배우고 난 후에 우리 자녀들에게도 가르쳐 주었는데 지금은 그 아이들이 나보다도 수영을 더 잘한다. 20년 전 내가 부러워했던 어느 가족의 물놀이 모습을 어느새 우리 가족이 재현하고 있다. 나는 수영을 할 때마다 남다른 감격을 느끼며 마치 생수의 강에서 즐겁게 노는 어린아이와 같이 마냥 행복하다. 두려움을 주었던 물이 이제 더 이상 나를 두렵게 하지 못하고 오히려 유익을 준다. 너무 재미있고 신난다. 이제는 수영이 익숙하기에 힘들이지 않고 즐기면서도 운동이 많이 된다. 일석이조이다.

수영을 처음 배울 때를 다시 생각해 보았다. 물에 대한 두려움은 잘못된 생각이었다. 그러면서 죽는다는 것에 대한 나의 생각도 이와 마찬가지가 아닐까 생각해 보았다. 한 알의 밀이 썩어져 죽어야만 새싹이 나오듯이 죽음의 선을 넘어가야만 새로운 세계가 펼쳐진다. 아기를 낳을 때 죽을 것 같은 해산의 고통을 거쳐야 새 생명이 태어나듯이 죽고자 하는 자는 오히려 살게 된다. 죽으면 죽으리라는 고백을 하며 아하수에로 왕 앞에 나간 왕후 에스더는 하만의 음모로부터 자기의 유대 민족을 살렸다.

예수님은 십자가에서 죽으심으로 부활의 생명을 얻으셨다. 하나님께 대한 순종인 십자가에서의 죽으심만이 죽음의 권세, 즉 악의 세력을 이기는 길이다. 예수님이 죽음으로 죽음의 권세를 이기신 것은 바로 하나님께 대한 순종이다. 하나님 나라의 방법으로 행하면, 즉 하나님께 순종하면 그다음은 하나님이 책임지기 때문이다. 죽음에 대한 문제를 비롯한 모든 문제의 근본 뿌리인 두려움은 어디에서 오며 왜 생기는 문제일까? 하나님을 잘 알지 못하고 온전히 신뢰하지 못하기 때문이라고 생각한다. 예수님은 하나님 아버지를 잘 아셨고 온전히 신뢰했기 때문에 순종하실 수 있었다. 하나님께 대한 절대적인 순종이 죽음의 권세를 이기고 부활의 승리를 가져오게 했다.

:

1 여호와께서 나단을 다윗에게 보내시니 그가 다윗에게 가서 그에게 이르되 한 성
읍에 두 사람이 있는데 한 사람은 부하고 한 사람은 가난하니

2 그 부한 사람은 양과 소가 심히 많으나

3 가난한 사람은 아무것도 없고 자기가 사서 기르는 작은 암양 새끼 한 마리뿐이라
그 암양 새끼는 그와 그의 자식과 함께 자라며 그가 먹는 것을 먹으며 그의 잔으
로 마시며 그의 품에 누우므로 그에게는 딸처럼 되었거늘

4 어떤 행인이 그 부자에게 오매 부자가 자기에게 온 행인을 위하여 자기의 양과
소를 아껴 잡지 아니하고 가난한 사람의 양 새끼를 빼앗아다가 자기에게 온 사
람을 위하여 잡았나이다 하니

5 다윗이 그 사람으로 말미암아 노하여 나단에게 이르되 여호와의 살아 계심을 두
고 맹세하노니 이 일을 행한 그 사람은 마땅히 죽을 자라

6 그가 불쌍히 여기지 아니하고 이런 일을 행했으니 그 양 새끼를 네 배나 갚아 주
어야 하리라 한지라

7 나단이 다윗에게 이르되 당신이 그 사람이라 이스라엘의 하나님 여호와께서 이와 같이 이르시기를 내가 너를 이스라엘 왕으로 기름 붓기 위하여 너를 사울의 손에서 구원하고

8 네 주인의 집을 네게 주고 네 주인의 아내들을 네 품에 두고 이스라엘과 유다 족속을 네게 맡겼느니라 만일 그것이 부족했을 것 같으면 내가 네게 이것 저것을 더 주었으리라

9 그러한데 어찌하여 네가 여호와의 말씀을 업신여기고 나 보기에 악을 행했느냐 네가 칼로 헷 사람 우리아를 치되 암몬 자손의 칼로 죽이고 그의 아내를 빼앗아 네 아내로 삼았도다

10 이제 네가 나를 업신여기고 헷 사람 우리아의 아내를 빼앗아 네 아내로 삼았은즉 칼이 네 집에서 영원토록 떠나지 아니하리라 하셨고

11 여호와께서 또 이와 같이 이르시기를 보라 내가 너와 네 집에 재앙을 일으키고 내가 네 눈앞에서 네 아내를 빼앗아 네 이웃들에게 주리니 그 사람들이 네 아내들과 더불어 백주에 동침하리라

12 너는 은밀히 행했으나 나는 온 이스라엘 앞에서 백주에 이 일을 행하리라 하셨나이다 하니

13 다윗이 나단에게 이르되 내가 여호와께 죄를 범했노라 하매 나단이 다윗에게 말하되 여호와께서도 당신의 죄를 사하셨나니 당신이 죽지 아니하려니와

14 이 일로 말미암아 여호와의 원수가 크게 비방할 거리를 얻게 했으니 당신이 낳은 아이가 반드시 죽으리이다 하고

15 나단이 자기 집으로 돌아가니라 우리아의 아내가 다윗에게 낳은 아이를 여호와께서 치시매 심히 앓는지라

16 다윗이 그 아이를 위하여 하나님께 간구하되 다윗이 금식하고 안에 들어가서 밤새도록 땅에 엎드렸으니

17 그 집의 늙은 자들이 그 곁에 서서 다윗을 땅에서 일으키려 하되 왕이 듣지 아니하고 그들과 더불어 먹지도 아니하더라

제 설교 좀
들어보시겠어요?

18 이레 만에 그 아이가 죽으니라 그러나 다윗의 신하들이 아이가 죽은 것을 왕에
게 아뢰기를 두려워하니 이는 그들이 말하기를 아이가 살았을 때에 우리가 그에
게 말하여도 왕이 그 말을 듣지 아니하셨나니 어떻게 그 아이가 죽은 것을 그에
게 아뢸 수 있으랴 왕이 상심하시리로다 함이라

19 다윗이 그의 신하들이 서로 수군거리는 것을 보고 그 아이가 죽은 줄을 다윗이
깨닫고 그의 신하들에게 묻되 아이가 죽었느냐 하니 대답하되 죽었나이다 하는
지라

20 다윗이 땅에서 일어나 몸을 씻고 기름을 바르고 의복을 갈아입고 여호와의 전
에 들어가서 경배하고 왕궁으로 돌아와 명령하여 음식을 그 앞에 차리게 하고
먹은지라

21 그의 신하들이 그에게 이르되 아이가 살았을 때에는 그를 위하여 금식하고 우
시더니 죽은 후에는 일어나서 잡수시니 이 일이 어찌 됨이니이까 하니

22 이르되 아이가 살았을 때에 내가 금식하고 운 것은 혹시 여호와께서 나를 불쌍
히 여기사 아이를 살려 주실는지 누가 알까 생각함이거니와

23 지금은 죽었으니 내가 어찌 금식하랴 내가 다시 돌아오게 할 수 있느냐 나는 그
에게로 가려니와 그는 내게로 돌아오지 아니하리라 하니라

24 다윗이 그의 아내 밧세바를 위로하고 그에게 들어가 그와 동침했더니 그가 아
들을 낳으매 그의 이름을 솔로몬이라 하니라 여호와께서 그를 사랑하사

25 선지자 나단을 보내 그의 이름을 여디디야라 하시니 이는 여호와께서 사랑하셨
기 때문이더라

다윗은 이새의 여덟 아들 중 막내 아들이며 보아스와 룻이 낳은
오벳의 손자이다. 사무엘을 통하여 여호와의 기름 부음을 받은 다윗
은 목동 시절에 양을 지키기 위해 익혔던 물맷돌로 블레셋의 장군 골

리앗을 쳐 죽였다. 사울 왕의 총애를 받아 사위가 되었지만 여호와께서 다윗과 함께하심을 본 사울 왕의 두려움과 시기심으로 평생 모진 핍박을 당했다.

그렇지만 다윗은 사울 왕이 여호와 하나님께서 기름 부은 자이기에 그를 대적하지 않았고, 자기 손으로 사울 왕을 죽일 기회가 여러 번 있었으나 기름 부음 받은 자를 손수 치는 것을 허락치 않으심을 알고 순종하며 여호와의 손에 맡기었다. 여호와 앞에 범죄하지 않기 위해서였다. 결국 유다의 왕으로 기름 부음 받은 다윗 왕은 시편의 다수를 기록한 저자이기도 하다.

하나님 마음에 합한 자로 많은 사랑을 받은 다윗은 예수님을 예표하는 자이기도 하다. 그리고 예수님께서 다윗의 자손으로 이 세상에 오셨다. 이렇게 대단했던 다윗도 한순간 여호와 앞에서 무서운 범죄를 저지르고 말았는데 전쟁터에 나가서 나라를 위해 충성스럽게 싸우고 있는 자기의 심복 헷사람 우리아의 아내를 범한 것이다. 거기다가 자기의 죄를 은폐하기 위해 우리아를 최전방으로 보내어 싸우다가 죽게 했다.

여호와께서 다윗의 범죄를 아시고 나단 선지자를 보내어 다윗을 책망하셨다.

어찌하여 네가 여호와의 말씀을 업신여기고 악을 행했느냐

(삼하 12:9상).

이에 다윗은 나단 앞에서 내가 여호와께 죄를 범했다고 고백하자 나단이 다윗에게 여호와께서 당신의 죄를 사하셨고 당신이 죽지 않지만 여호와의 원수가 크게 비방할 거리를 얻게 했으니 당신이 낳은 아이가 반드시 죽는다고 말했다. 그리고 이 일로 인하여 칼이 다윗의 집에서 영원토록 떠나지 아니할 것이고 다윗의 아내들을 빼앗아 이웃들에게 주며 그들이 다윗의 아내들과 더불어 백주에 동침할 것이라 했다. 나단 선지자를 통하여 말씀하신 대로 밧세바에게서 낳은 다윗의 아이는 심히 앓게 되었다. 15절에 이 아이는 죄악 중에 낳은 아이, 즉 남의 아내인 '우리아의 아내' 밧세바가 다윗에게 낳은 아이라고 기록되어 있다. 그것과는 대조적으로 24절에서 솔로몬은 '다윗의 아내' 밧세바에게서 낳은 아이라고 말한다.

다윗은 나단 선지자를 통하여 아이가 반드시 죽을 것임을 알았지만 아이가 병들어 죽게 되자 혹시나 여호와께서 살려 주시지 않을까 하고 기대하며 그 아이를 위하여 금식하며 밤새도록 땅에 엎드리어 간구한다. 그러나 이레 만에 그 아이는 죽는다. 아이가 죽었다는 소식을 들은 다윗은 이제 땅에서 일어나 회개할 때 입는 굵은 베옷을

벗고 물로 자기를 깨끗하게 하고 기름을 발랐다. 새옷으로 갈아입은 다윗은 여호와의 전에 들어가서 경배하고 난 후 금식을 멈추고 음식을 먹었는데 이는 다윗이 하나님 앞에서 회개하고 용서받았다는 것을 의미한다. 자기 아이가 끝까지 살기를 바랐지만 결국은 하나님의 뜻을 받아들이는 행동이라고 생각한다.

이제 다윗은 용서받고 새롭게 되었다. 때로 우리는 죄를 범하고 징계를 당할 때가 있지만 즉시 하나님 앞에 나와 회개하면 죄를 용서해 주신다. 그러나 이 본문에서와 같이 죄를 용서받고 죽지 않게 되었지만 여호와의 원수의 비방거리를 얻어 우리아의 아내에게서 낳은 아이가 반드시 죽어야만 했고 칼이 다윗의 집에서 영원토록 떠나지 않는 저주와 재앙이 임했다.

다윗의 이야기를 통하여 하나님은 우리에게 하나님의 법을 떠나면 얼마나 큰 고통이 따르는지 보여 주신다. 죄악에 대해 엄청난 대가를 치러야 하는 것임을…. 공의를 이루시기 위해 우리를 대신하여 십자가에서 그 댓가를 치르시며 죄악에 대한 저주와 고통을 다 당하신 예수님을 생각하지 않을 수 없다. 하나님이 베푸시는 은혜와 용서는 하나님 나라의 공의를 이루신 예수님 안에서만 있는 것이다. 죄악의 심각성과 공의를 제대로 깨닫는다면 하나님의 은혜와 용서를 어찌 가볍게 여길 수가 있겠는가! 대신 희생당하신 하나님의 어린양 예수 그리스도만이 우리의 유일한 소망이며 생명이시다.

사무엘하 12장 15-23절의 본문을 묵상하며 다윗의 태도에서 이해가 되지 않는 부분이 있었다. 하나님께서 아이가 반드시 죽을 것이라고 말씀하셨지만 혹시 여호와께서 불쌍히 여기사 아이를 살려 주시지 않을까 생각하여 금식하고 울며 하나님께 간구한 부분이다. 곰곰히 묵상하는 가운데 비슷한 경우가 생각났다. 마가복음 14장 32-42절에 나오는 예수님의 겟세마네 동산에서의 기도이다.

우리에게 생명을 주시기 위하여 대신 죽으러 오신 예수님은 십자가를 지시기 전 겟세마네 동산에서 땅에 엎드리어 될 수 있는 대로 이때가 자기에게서 지나가기를 하나님 아버지께 간구하셨다. 땀이 땅에 떨어지는 핏방울같이 될 정도로 매우 간절히 이 잔을 옮겨 달라고 세 번씩이나 기도하셨다. 예수님은 자신이 하나님의 어린양으로서 죽임을 당해야 하는 성경의 말씀이 반드시 이루어져야 하는 것을 누구보다도 더 잘 아셨을텐데 왜 이러한 기도를 하셨는지 이해가 되지 않았다. 다윗의 기도와 예수님의 기도에는 비슷한 부분이 있다. 하나님의 분명한 뜻을 알았지만 자신들의 뜻을 하나님 아버지께 간구한 것이 서로 비슷하다. 묵상하는 가운데 예수님의 인성을 생각하니 문제가 풀리기 시작했다.

인간의 모습으로 이 땅에 오신 예수 그리스도는 하나님이시다.

그분에게는 신성과 인성이 다 있다. 온전하신 신이시며 또한 온전하신 인간이시다. 십자가를 지고 죽어야 하는 극심한 고통앞에서 땀이 핏방울같이 될 정도로 간절하게 이 고난의 잔을 옮겨 달라고 기도하시는 예수님의 모습에서 나는 사람의 아들, 즉 인자이신 예수님을 만날 수 있었다. 인자 예수님이시기에 고민하시며 고난의 잔을 옮겨 달라고 기도하신 것이다. 예수님이 친밀하게 느껴지면서 많은 위로가 되었는데 왜냐하면 친히 겪으셨기 때문에 인간인 우리의 연약함을 너무 잘 아실 것이기 때문이다. 그런데 신기한 것은 두 군데 다 "땅에 엎드리어" 기도했다고 기록되어 있다.

조금 나아가사 땅에 엎드리어 될 수 있는 대로 이때가 자기에게서 지나가기를 구하여 이르시되 아빠 아버지여 아버지께는 모든 것이 가능하오니 이 잔을 내게서 옮기시옵소서(막 14:35-36).

다윗이 그 아이를 위하여 하나님께 간구하되 다윗이 금식하고 안에 들어가서 밤새도록 땅에 엎드렸으니(삼하 12:16).

"땅에 엎드리어" 간구하는 것은 참 사람으로 이 땅에 오신 예수님의 기도 그리고 인간 다윗의 기도라는 생각을 해 보았다. 땅에 사는 인간이기에 하나님의 뜻을 알면서도 끝까지 인간의 뜻을 구할 수밖에 없는 기도, 땅에서 드리는 기도, 이것이 인간의 연약함이 아닐까! 그렇기에 마땅히 기도할 바를 알지 못하는 우리의 연약함을 잘 아시는 성령님은 말할 수 없는 탄식으로 우리를 위하여 친히 간구하고 계시다.

마가복음 14장 36절을 보면 예수님의 기도는 하나님 아버지의 뜻을 구하는 기도로 바뀐다.

이르시되 아빠 아버지여 아버지께는 모든 것이 가능하오니 이 잔을 내게서 옮기시옵소서 그러나 나의 원대로 마시옵고 아버지의 원대로 하옵소서.

다윗의 기도와의 차이가 여기에 있다. 땅에 엎드려서 구하는 예수님의 기도가 바뀐 것을 보고 우리에게 무엇인가를 가르쳐 주시는 것이 있다는 생각이 들었다. 참 하나님이신 예수 그리스도는 이 땅을 새롭게 회복하시기 위해 인간의 몸을 입고 오신 분이다. 그분이 흘리신 피와 물로 깨끗하게 하심으로 이제는 예수님의 위엄과 권능으로 통치받는 땅으로 새롭게 하셨다. 새 포도주는 새 부대에 담듯이 새 피조물이 된 자들은 새로워진 땅, 즉 하나님이 통치하시는 나라에서 살고 있는 것이다. 새 피조물이 된 우리는 이제 새로워진 땅에 엎드려 예수님의 기도처럼 "하나님 아버지의 원대로 하옵소서."라고 기도하자. 이것이 성령님의 기도와 일치하는 하나님 나라의 기도이다. 그러면 "먼저 하나님의 나라와 의를 구하면 이 모든 것을 우리에게 더하시리라."는 약속의 말씀이 성취되는 것이다.

하나님의 뜻을 구하는 기도를 하려면 먼저 우리의 뜻을 내려놓고 그분에게 순종하고자 결단해야 한다. 예수님은 "나의 원대로 마시옵고 아버지의 원대로 하옵소서."라고 기도하며 순종하여 십자가에서 죽으셨을 때 하나님 아버지에게 부활의 생명을 받으시고 모든 이름 위에 뛰어난 이름을 얻으셨다. 그리고 하나님 보좌 우편에 앉으셨다. 우리의 뜻을 내려놓고 순종하고자 할 때 하나님의 뜻이 새로워진 땅에 사는 새 피조물이 된 자들에게 하늘로부터 응답되는 것이다. 회개하면서도 혹시 '아이를 살려 주시지 않을까' 하여 끝까지 자기의 뜻을 구했으나 아이가 죽자 그제서야 하나님의 뜻을 받아들인 다윗에게 하나님은 솔로몬을 주시려고 예비하고 계셨다. 이 말씀을 묵상하면서 죄 없으신 인자 예수님과 인간 다윗이 비교되면서 인간의 한계성을 인정할 수밖에 없음을 다시 한 번 더 실감했다.

다윗이 그의 아내 밧세바를 위로하고 그에게 들어가 동침하자 하나님은 그에게 아들 솔로몬을 주셨다. 다윗이 지은 솔로몬의 이름의 뜻은 '샬롬'에서 나온 이름으로 화평이란 뜻이다. 하나님과 화평의 관계가 이루어졌다는 뜻이다. 하나님은 솔로몬에게 또 다른 이름 "여디디야"를 지어 주셨는데 여디디야는 '여호와께 사랑을 입음'이란 뜻으로 하나님께서 그를 사랑하신다는 말이다. 우리 하나님은 얼마나 좋으신 분인가! 회개하는 자에게 용서하시고 화평의 관계를 이루시며 사랑하시기로 작정하시는 좋은 아버지이시다. 더욱 놀라운 사실은 다윗이 이스라엘의 하나님 여호와를 위하여 성전을 건축할 마음이 있었지만 그의 아들 솔로몬을 통하여 이루시고 축복을 약속하셨다.

> 이는 내가 이미 이 성전을 택하고 거룩하게 하여 내 이름을 여기에 영원히 있게 하였음이라 내 눈과 내 마음이 항상 여기에 있으리라 (대하 7:16).

하나님이 함께 거주하시겠다는 벅찬 축복의 말씀이다. 어떠한 죄라도 회개하고 하나님께 돌아오기만 하면 용서해 주시고 감싸 주시며 우리를 받아 주시는 아버지이시다. 그동안 우리는 얼마나 많이 하나님을 오해하고 왜곡되게 생각하며 두려워했는지! 이 말씀을 통하여 좋으신 하나님 아버지의 마음을 알았다.

이 다윗의 이야기는 우리가 비록 땅의 기도를 하여 우리의 뜻대로 응답받지 못한다 할지라도 더 좋은 하나님 나라의 응답이 무엇인지 알게 하시고 믿음을 주시는 사랑의 메시지이다.

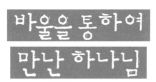

바울을 통하여
만난 하나님

| 빌레몬서 1장 9-10, 12-14, 16-18절 |

9 도리어 사랑으로써 간구하노라 나이가 많은 나 바울은 지금 또 예수 그리스도를 위하여 갇힌 자 되어

10 갇힌 중에서 낳은 아들 오네시모를 위하여 네게 간구하노라

12 네게 그를 돌려 보내노니 그는 내 심복이라

13 그를 내게 머물러 있게 하여 내 복음을 위하여 갇힌 중에서 네 대신 나를 섬기게 하고자 하나

14 다만 네 승낙이 없이는 내가 아무 것도 하기를 원하지 아니하노니 이는 너의 선한 일이 억지 같이 되지 아니하고 자의로 되게 하려 함이라

16 이 후로는 종과 같이 대하지 아니하고 종 이상으로 곧 사랑 받는 형제로 둘 자라 내게 특별히 그러하거든 하물며 육신과 주 안에서 상관된 네게랴

17 그러므로 네가 나를 동역자로 알진대 그를 영접하기를 내게 하듯 하고

18 그가 만일 네게 불의를 했거나 네게 빚진 것이 있으면 그것을 내 앞으로 계산하라

빌레몬서는 사도 바울이 감옥에서 빌레몬에게 쓴 편지인데 한 장으로 되어 있는 짧은 성경이다. 빌레몬은 권세가 있고 부유한 사람이며 오네시모는 그의 노예였다. 사도 바울을 통해 전도받고 예수님을 영접한 빌레몬은 자기 가정을 교회로 내줄 정도로 매우 신실한 그리스도인이었다. 그의 노예였던 오네시모는 주인인 빌레몬의 재산을 도적질하고 도망한 자였으나 그도 또한 사도 바울을 만나 예수님을 영접하고 감옥에 있는 바울을 극진히 사랑하며 섬기는 자가 되었다.

바울은 오네시모를 영적 아들로 생각하며 매우 사랑했기에 주인인 빌레몬에게 돌려보내면서 그를 사랑으로 받아 주기를 정중하게 부탁한다. 나는 바울의 편지에 나타난 오네시모를 향한 바울의 마음에서 하나님 아버지의 마음과 예수님의 마음을 느낄 수 있었다. 하나님이 우리를 자녀로 삼아 주신 것같이 바울은 오네시모를 "갇힌 중에서 낳은 아들"이라 했고 "사랑받는 형제로 둘 자"라 했다. 우리를 형제라고 부르기를 부끄러워하지 않으신 예수님처럼 바울은 오네시모를 대했다. 17절에서는 그를 영접하기를 내게 하듯 하라 했고, 더 나아가 오네시모를 위해 자기의 이름을 걸고 대신하여 빌레몬에게 용서와 사랑을 간구한다.

나는 바울에게서 예수님의 사랑을 느꼈고 마음 속에 한 그림이 그려졌다. 마치 예수님께서 내 손을 잡고 하나님 보좌 앞으로 데리고 가셔서 하나님 아버지께 이렇게 말씀하시는 것 같았다. "아버지! 저를 맞이하시듯 신숙이를 맞아 주세요."라고…. 예수님은 우리에게 자신의 이름을 빌려 주시면서 하나님 아버지 앞에 당당하게 나아갈 수 있는 길을 열어 주셨다. 그렇기 때문에 하나님은 우리를 예수님 대하시듯 점도 없고 흠도 없고 거룩한 자라고 하시며 결코 정죄하지 않으신다고 말씀하셨다.

바울은 빌레몬에게 말한다.

네게 불의를 했거나 네게 빚진 것이 있으면 그것을 내 앞으로 계산하라. 내가 갚겠다(몬 1:18).

얼마나 은혜로운 말씀인지! 바로 예수님이 우리를 대신하여 죗값을 갚아 주신 일을 떠올리게 하는 말씀이다. 이렇게 말하는 바울에게서 나는 바울 안에 살아 계신 예수님이 피부로 느껴지는 것 같다. 그는 자기의 삶을 통하여 예수님의 삶을 나타내고 있으며, 바울 안에 계신 예수님이 그를 통하여 우리에게 나타나시는 것이다.

지금까지는 오네시모를 향한 바울의 마음을 통해 나타난 하나님 아버지와 예수님의 사랑에 대하여 나누었는데 이제 빌레몬을 대하는 바울의 모습을 생각해 보았다. 편지를 통하여 빌레몬에게 "네 승낙이 없이는 내가 아무것도 하기를 원하지 않는다."라는 바울의 말이 마치 하나님께서 빌레몬에게 허락을 받으시려는 것처럼 느껴졌다. 우리와 하나님과의 대화인 기도를 통하여 우리의 생각과 뜻을 하나님께 말하고 이루어 달라고 하듯이 하나님께서도 우리에게 그분의 생각과 뜻을 알려 주시고 우리의 허락과 순종을 통해 하나님의 뜻을 이루시기를 원하신다. 14절에 보니 우리의 허락 없이 억지로 하기를 원하지 않으신다고 하나님의 마음을 열어 보여 주셨다. 왜냐하면 우리가 허락할 때 하나님은 그분의 선하시고 놀라운 큰일을 행하시며, 그 기쁨을 우리와 함께 나누고 또한 우리에게 큰 상급을 주시기 위해서이다. 우리를 동역자로 생각하시고 우리의 허락을 기다리시는 겸손하신 하나님! 너무나 사랑이 많으시고 좋으신 하나님이시다.

또한 예수님의 어머니 마리아에게도 하나님의 뜻이 전달되었을 때 그 뜻에 순종하자 그분의 크신 뜻인 예수님의 성육신이 이루어질 수 있었던 것이다. 예수님의 경우에서도 "내 뜻대로 마옵시고 아버지의 뜻대로 하옵소서."라고 했을 때 하나님의 구속 계획과 뜻이 이 땅에 이루어진 것이다. 기도에 대해 다시 한 번 생각하게 된다. 우리가 하나님께 기도하듯 예수님께서도 우리를 위해 기도하신다. 그분의 마음을 열어 보여 주시고 허락해 달라고…. 깊은 기도는 내 안에 살아 계신 하나님께서 나에게 말씀하시는 것을 듣고 반응하며 허락

하여 그분의 뜻이 이 땅에서 이루어지게 하는 것이다. 우리의 깊은 곳에서 진심으로 허락해야 하나님께서 일하신다. 하나님은 이러한 자를 기뻐하시며, 그의 기도에 귀를 기울이시고 응답해 주신다.

빌레몬에게 순종할 것을 확신하므로 썼으며 말한 것보다 더 행할 줄을 안다는 바울의 말을 통하여 우리를 믿어 주시고 우리에게 더 잘할 수 있다고 격려해 주시는 좋은 하나님 아버지의 마음을 깨닫게 된다. 바울의 편지를 받은 빌레몬은 자기에게 다시 돌아와서 용서를 구하는 오네시모를 그리스도 안의 형제로 받아 주었다. 용서받은 오네시모는 옛 주인인 빌레몬과 그리스도 안에서 사랑하는 형제 관계로 되었고, 그 후 그리스도의 신실한 종으로서 바울과 동역하는 유익한 자가 되었다. 이 짧은 빌레몬서는 예수 그리스도 안에서만 일어날 수 있는 용서와 회복의 아름답고 감동적인 이야기이며, 바울을 통하여 나타난 우리를 향한 하나님 아버지와 예수님의 무한하신 그 큰 사랑의 마음의 표현이다!

불의의 재물로
친구를 사귀라?

∶

1 또한 제자들에게 이르시되 어떤 부자에게 청지기가 있는데 그가 주인의 소유를 낭비한다는 말이 그 주인에게 들린지라

2 주인이 그를 불러 이르되 내가 네게 대하여 들은 이 말이 어찌 됨이냐 네가 보던 일을 셈하라 청지기 직무를 계속하지 못하리라 하니

3 청지기가 속으로 이르되 주인이 내 직분을 빼앗으니 내가 무엇을 할까 땅을 파자니 힘이 없고 빌어 먹자니 부끄럽구나

4 내가 할 일을 알았도다 이렇게 하면 직분을 빼앗긴 후에 사람들이 나를 자기 집으로 영접하리라 하고

5 주인에게 빚진 자를 일일이 불러다가 먼저 온 자에게 이르되 네가 내 주인에게 얼마나 빚졌느냐

6 말하되 기름 백 말이니이다 이르되 여기 네 증서를 가지고 빨리 앉아 오십이라 쓰라 하고

7 또 다른 이에게 이르되 너는 얼마나 빚졌느냐 이르되 밀 백 석이니이다 이르되

여기 네 증서를 가지고 팔십이라 쓰라 했는지라

8 주인이 이 옳지 않은 청지기가 일을 지혜 있게 했으므로 칭찬했으니 이 세대의
아들들이 자기 시대에 있어서는 빛의 아들들보다 더 지혜로움이니라

9 내가 너희에게 말하노니 불의의 재물로 친구를 사귀라 그리하면 그 재물이 없어
질 때에 그들이 너희를 영주할 처소로 영접하리라

10 지극히 작은 것에 충성된 자는 큰 것에도 충성되고 지극히 작은 것에 불의한 자
는 큰 것에도 불의하니라

13 집 하인이 두 주인을 섬길 수 없나니 혹 이를 미워하고 저를 사랑하거나 혹 이를
중히 여기고 저를 경히 여길 것임이니라 너희는 하나님과 재물을 겸하여 섬길
수 없느니라

14 바리새인들은 돈을 좋아하는 자들이라 이 모든 것을 듣고 비웃거늘

예수님이 직접 말씀하신 이 비유는 이해를 돕기 위하여 결론부터
말하고 시작하는 것이 좋을 것 같다. 우리로 하여금 이 세상에서 살
아가기 위하여 하나님이 주시는 재물을 지혜롭고 또 충성스럽게 사
용해야 함을 말한다. 다시 말해 재물을 어떻게 쓰는가를 보면 하나님
에 대한 신뢰와 영적 성숙도를 알 수 있다는 말이다. 왜냐하면 지금
이 시대는 재물을 우상시 할 정도로 매우 중요하게 생각하는 세상이
기 때문이다.

어떤 부자에게 청지기가 있었는데 주인의 소유를 낭비하여 쫓겨
나게 되었다. 예수님은 이 비유에서 쫓겨나게 된 청지기의 이상한(?)
행동을 지혜롭다 칭찬하시며 우리에게 교훈을 주신다. 이상한 행동

이란 자기 주인에게 빚진 자들을 불러 기름 백 말 빚진 자에게 빨리 앉아 증서에 오십이라 쓰게 했고, 또 밀 백 석 빚진 자에게는 팔십이라 쓰게 한 것이었다. 이렇게 하여 주인의 것으로 빚진 자들에게 빚을 탕감하여 주어 그들의 마음을 얻고 있었다.

이 청지기가 한 일이 바로 불의의 재물로 친구들의 마음을 얻은 일이다. 만약 자기가 정당하게 수고하여 얻은 재물로 그렇게 했다면 얼마나 더 좋았을까! 비록 옳지 않은 청지기였지만 빚진 자들에게 빚을 탕감하여 줌으로써 그들에게 기쁨을 주고 그들의 마음을 얻은 그 행동 자체는 배워야 한다. 쫓겨나게 된 청지기는 자기의 유익을 위하여 의도를 가지고 주인의 것으로 빚진 자에게 빚을 탕감하여 주었다. 실제적으로 물질의 혜택을 줌으로 자기의 마음이 너그러운 것처럼 표현한 것이다. 이것은 도덕적으로 옳지 않은 행동이며, 이러한 행동을 잘했다고 칭찬하신 것이 아니다. 예수님도 그를 옳지 않은 청지기라고 하셨다. 마음의 표현이 물질로 나타난다는 것을 알고 빚진 자들의 마음을 얻으려고 한 그것이 지혜롭다는 것이다.

그렇다면 빛의 아들인 우리는 재물을 어떻게 사용해야 지혜롭게 잘했다고 예수님께 칭찬을 들을지 생각해 보았는데 물질로 자기 마음을 아낌없이 나타내어 예수님의 마음을 감동시킨 성경의 몇 사람들이 머리에 떠올랐다. 세리장이며 부자였던 삭개오는 남의 것을 불의하게 빼앗은 것에 대하여 네 배나 갚겠다며 회개의 마음을 예수님께 표현했고, 어느 가난한 과부는 자기의 전 재산인 두 렙돈을 다 드림으로써 헌신의 마음을 전심으로 나타냈다. 그뿐만 아니라 마리아는 지극히 비싼 향유를 깨뜨리어 눈물로 예수님의 발을 닦아 드리며 사랑의 마음을 나타냈다. 얼마나 아름다운지! 그러나 대조적으로 옳지 않은 청지기는 얄팍한 생각으로 빚진 자들을 속여 마음을 얻었다. 빚진 자들은 그 청지기에게 속았지만 사람의 중심을 아시는 하나님은 속지 않으신다.

"네 보물 있는 그곳에는 네 마음도 있느니라(마 6:21)."고 성경에 기록되어 있듯이 사람의 마음과 물질은 같이 따라다닌다. 사람들은 자기가 진심으로 사랑하는 자에게는 물질을 아낌없이 준다. 물질 자체가 악한 것은 아니다. 물질을 가지고 누가 어디에 어떻게 사용하느냐가 중요하다. 주린 사람을 보면 먹을 것을 주고 헐벗은 사람을 보면 입을 것을 주듯이, 예수님을 만나 변화되면 물질을 선하게 사용하지만 그렇지 않은 사람은 물질에 힘이 있다고 생각하여 그 물질로 다른 사람을 조정하고 다스리려 한다. 반대로 물질에 눌리면 노예가 되고 두려움에 빠지기 때문에 물질이 많아야 안전하다고 생각하여 더 많은 물질을 버는 것에 온 정열을 다 써 버린다. 그러므로 재물을 어떻게 사용하는지 보면 그 사람의 영적 상태와 성숙도를 알 수 있다.

지극히 작은 것에 충성하는 자는 큰 것에도 충성하듯이 하늘의 것에 비하면 아주 작은 것인 세상 재물에 충성하는 자는 큰 것, 즉 하늘의 것에도 충성한다. 충성이란 단어를 사용하면서 재물을 충성스럽게 관리하라고 하신다. 마태복음 25장 14-30절에 나와 있는 달란트 비유에서도 다섯 달란트 받은 자가 관리를 잘하여 다섯 달란트를 더 남겼을 때 주인은 그에게 착하고 충성된 종이라 칭찬하고 그가 적은 일에 충성했으매 많은 것을 맡기겠다고 했다. 여기서 충성이란 말을 사용했는데 충성이란 무조건 열심히 하는 것이 아니다. 아무리 환경이 어렵다 할지라도 하나님 말씀을 신뢰하고 그 말씀대로 이루어짐을 믿으며 흔들림 없는 것을 말한다. 믿음과 신뢰의 의미가 강하며, 충성스러운 사람이란 믿을 만한 사람이라는 뜻이다. 우리는 하나님을 믿는다. 왜냐하면 그분은 미쁘신 분, 즉 믿을 만한 분이기 때문이다.

하나님의 속성 중에 '충성'이 있다. 성령의 아홉 가지 열매 중에도 충성이 있다. 하나님을 믿는다고 해서 우리와 하나님과의 신뢰의 관계가 형성되는 것은 아니다. 야고보서에 보면 귀신들도 하나님을 믿고 떤다고 기록되어 있다. 하나님과 우리와의 신뢰 관계는 사랑이 토대가 되어 서로를 믿을 때 이루어진다. 다시 말해 하나님도 우리를 믿어 주실 때 진정한 신뢰 관계가 형성된다고 생각한다. 하나님이 보시기에 우리가 믿을 만해야 한다는 것이다. 히브리서 2장 11-13절에 보면 예수님은 우리를 형제라 부르시기를 부끄러워하지 않으셨고 또한 자녀라 부르시고 내가 그를 의지하리라 하셨다. 의지한다는 것은 신뢰한다는 뜻이다. 다섯 달란트 맡은 자가 충성했을 때 예수님은 그를 신뢰하여 더 많은 것을 맡기겠다고 하셨는데 재물을 충성스럽게 관리하는 자는 재물을 믿고 맡겨도 될 만큼 신뢰할 만한 자인 것이다. 하나님이 주신 재물을 내 것인양 움켜쥐고 나의 유익만을 위하여 사용한다면 어떻게 더 큰 것 참된 것을 우리에게 주실 수가 있겠느냐는 말이다. 하나님을 믿는다고 하면서 재물을 더 의지하는 자를 하나님이 어찌 신뢰할 수 있겠는가? 주인이신 하나님이 청지기인 우리에게 이 세상의 재물을 믿고 맡기실 만한지 생각해 보아야 한다.

우리에게 주신 재물에는 다른 사람을 위하여 사용해야 하는 부분도 있다. 하나님은 우리에게 심을 씨와 먹을 양식을 주시는 분이시다. 심을 씨는 다른 사람을 위하여 사용해야 하는, 즉 심어야 하는 것이지 먹어 버리면 안 된다. 우리에게 심을 것을 주시고 심었을 때 그 다음 해에 또 다시 씨와 먹을 양식을 주시어 풍성한 결실을 누리게 하신다. 이러므로 우리 의의 열매를 더하게 하신다고 성경은 말씀한다.

이스라엘 백성은 출애굽하여 광야에서 살 동안 하나님이 주시는 만나와 메추라기를 먹었다. 그때 신기하게도 많이 거둔 자도 남지 아니했고 적게 거둔 자도 모자라지 않았다고 기록되어 있다. 고린도후서 8장 14절에 이런 말씀이 있다.

이제 너희의 넉넉한 것으로 그들의 부족한 것을 보충함은 후에 그들의 넉넉한 것으로 너희의 부족한 것을 보충하여 균등하게 하려 함이라.

이것이 하나님 나라의 법칙이다. 우리는 하나님 나라의 재물 사용법을 잘 알고 깨달아 재물을 충성스럽게 사용할 줄 알아야 한다. 재물에게 묶여 종노릇하지 말고 오히려 잘 다스리는 청지기가 되어 주인이신 하나님에게 칭찬을 듣는 자들이 되어야 한다.

…착하고 충성된 종아 네가 적은 일에 충성했으매 내가 많은 것을 네게 맡기리니…(마 25:23).

재물에 묶여 있다는 것은 재물을 섬기는 것이며 우상을 숭배하는 것이다.

집 하인이 두 주인을 섬길 수 없고 하나님과 재물을 겸하여 섬길 수 없다고 예수님은 말씀하셨다. 돈을 좋아하는 자들인 바리새인들은 이 말씀을 듣고 돌이켜 회개하는 것이 아니라 오히려 비웃었다. 예수님을 만나고 나서 자기의 잘못을 뉘우치는 행동의 표현으로 자기의 재산의 절반이라도 내놓겠다고 한 삭개오처럼, 자기의 생활비 전부인 두 렙돈을 바친 과부처럼, 예수님의 발에 값비싼 향유 옥합을 부은 여인처럼 하나님이 우리에게 주신 이 세상 재물로 하나님의 마음을 얻어 영원히 거주할 처소로 영접받게 하기 위해 우리에게 주신 축복의 말씀이다.

네가 이 세대에서 부한 자들을 명하여 마음을 높이지 말고 정함이 없는 재물에 소망을 두지 말고 오직 우리에게 모든 것을 후히 주사 누리게 하시는 하나님께 두며 선을 행하고 선한 사업을 많이 하고 나누어 주기를 좋아하며 너그러운 자가 되게 하라 이것이 장래에 자기를 위하여 좋은 터를 쌓아 참된 생명을 취하는 것이니라(딤전 6:17-19).

사랑받는 교회

:

31 그러므로 사람이 부모를 떠나 그의 아내와 합하여 그 둘이 한 육체가 될지니
32 이 비밀이 크도다 나는 그리스도와 교회에 대하여 말하노라
33 그러나 너희도 각각 자기의 아내 사랑하기를 자신 같이 하고 아내도 자기 남편
   을 존경하라

창조주 하나님은 때가 되면 장성한 남자와 여자가 만나 사랑하게
하시고 하나님의 창조 섭리인 아름다운 가정을 이루게 하셨다. 그렇
게 하심으로써 생육하고 번성하라고 하신 하나님의 말씀을 이루어
가신다. 이 아름답고 거룩한 남녀의 사랑은 예수님과 우리의 관계를
보여 주는 예표이다. 바울은 남편과 아내의 관계에 대하여 말하면서
예수 그리스도는 신랑이시며, 우리는 그분의 사랑하는 신부라고 설

명한다. 또한 신랑이신 예수님은 교회의 머리이시며, 그분의 몸인 우리를 사랑하사 자신을 내어 주시고 깨끗하고 거룩하게 하시어 우리와 연합하여 한 몸, 즉 교회를 이루셨다. 그러므로 영광스러운 교회가 이 땅에 탄생하게 되었고 하나님 나라의 놀라운 비밀의 말씀을 이루셨다.

자녀는 부모의 유전자의 결합체이며, 자녀가 탄생함으로 두 사람의 진정한 하나 됨이 이루어진다. 예수 그리스도와 그의 신부인 우리도 마찬가지이다. 예수님의 생명의 영이 우리 안에 들어오심으로 그분과 하나 되어 자녀를 낳듯이 그 결과로 교회가 탄생하는 것이다. 하나님은 우리에게 가정을 이루게 하시고 그 가정을 통하여 신랑이신 예수님과 신부인 우리의 관계를 실감나게 알도록 하셨다. 가정은 교회의 모형이다.

여호와 하나님이 천지를 창조하실 때 아담을 먼저 만드시고 아담에게서 취하신 갈빗대로 여자를 만드셨다. 여자는 남자에게서 취하여진 존재인 것처럼 우리는 하나님의 형상대로 지음 받고 그분의 생기로 생령이 되었다. 하나님과 우리와의 관계를 생각하며 창세기 2장 20-24절의 말씀을 묵상해 보니 아담과 하와의 이야기를 통하여 하나님과 우리와의 사랑 이야기를 말씀하고 계심을 알게 되었다. 아담이 자기의 아내 하와를 보고 내 살중의 살이요 내 뼈중의 뼈라고 하며 좋아한 것처럼 하나님도 우리를 창조하신 후 매우 기뻐하시며 끔찍하게 사랑하셨다.

창세기 3장 6절에 보면 뱀에게 속아 먼저 선악과를 따 먹은 하와는 아담에게도 주어 먹게 했다. 하와로 인해 범죄했는데 성경은 아담이 범죄하여 타락했다고 기록하고 있다. 아담이 범죄한 후 하나님은 뱀에게 이렇게 말씀하셨다. 뱀은 여자와 원수가 되고 뱀의 후손도 여자의 후손과 원수가 되리라고. 이 말은 사탄은 여자와 원수가 되고 사탄의 후손도 여자의 후손과 원수가 된다는 말이다. 그렇기에 하나님의 아들이신 예수님이 여자의 후손, 즉 사람의 아들로 이 땅에 오시어 여자의 원수 사탄을 멸하시고 우리를 살려 주셨다. "여자의 후손은 네 머리를 상하게 할 것이요 너는 그의 발꿈치를 상하게 할 것이니라."는 창세기 3장 15절의 말씀은 마지막 아담이신 예수님이 십자가에서 죽으시고 부활하심으로 성취되었다.

창세기 2장 20절에서 3장 15절까지의 말씀은 우리의 불순종 때문에 하나님과의 깨어진 관계를 예수님이 십자가에서 완전히 해결하시는 사랑 이야기이다. 예수님의 십자가로 인하여 우리는 하나님과 화평의 관계로 회복되었으며, 예수님과 한 몸을 이루는 축복을 누리게 되었다. 하나님의 아들이신 예수님은 십자가에서 죽으시고 부활 승천하셨으며 영광을 받으신 후 그분의 몸인 교회의 모습으로 이 세상에 다시 오셔서 우리와 함께 계신다.

요한복음 1장 43절부터 51절에는 예수님이 빌립과 나다나엘을 부르시고 대화하시는 장면이 나온다. 예수님께서 나다나엘의 속까지 꿰뚫어 보시자 나다나엘은 어떻게 자기를 아시는지 물었다. 예수님은 "빌립이 너를 부르기 전에 네가 무화과나무 아래에 있을 때 보았노라."고 말하자 나다나엘은 "당신은 하나님의 아들이시요 당신은 이스라엘의 임금"이라고 했다. 예수님은 내가 너를 무화과나무 아래에서 보았다고 하여 믿느냐 이보다 더 큰일을 볼 것인데 하늘이 열리고 하나님의 사자들이 인자 위에 오르락내리락 하는 것을 보리라고 하셨다.

바로 며칠 전 세례 요한에게 요단강에서 세례를 받으시고 물에서 올라오실 때 예수님은 자신에게 하늘이 열리고 하나님의 성령이 비둘기같이 내려와서 자신 위에 임하심을 보셨다. 하늘이 열리는 이 모습과 비슷한 말씀이 창세기 28장에 나온다. 야곱이 벧엘에서 돌베게를 베고 자다가 꿈에서 본 장면인데 땅 위에 서 있는 사닥다리의 꼭대기가 하늘에 닿았고 하나님의 사자들이 그 위에서 오르락내리락 하는 것이었다.

잠에서 깬 야곱은 "여호와께서 여기 계시거늘 내가 알지 못하였도다…하나님의 집이요 하늘의 문이로다(창 28:16-17)."라고 고백하며 베게로 삼았던 돌을 기둥으로 세우고 그 위에 기름을 붓고 그곳 이름을 벧엘이라 했는데 벧엘은 하나님의 집이란 뜻이다. 야곱이 베 게로 삼았던 돌기둥에 기름을 붓고 그곳을 하나님의 집이라 했듯이 "주는 그리스도시요 살아 계신 하나님의 아들이시니이다(마 16:16)." 는 베드로의 고백, 즉 반석 위에 기름으로 상징되는 성령님이 오순절 에 임하심으로 하나님의 집인 교회가 탄생했다. 예수님께서 이 땅에 오심으로 하늘 문이 열리고 하늘과 땅이 통하게 되었다.

내가 곧 길이요 진리요 생명이라고 말씀하신 예수님을 통하여 우 리는 열린 하늘 문으로 들어가 보좌 앞에 나아갈 수 있게 된 것이다. 교회는 하늘 문이 열린 곳이며 하나님의 사자들이 오르락내리락 하 는 곳이다. 이 얼마나 축복된 곳인가! 최초의 교회인 초대 교회는 이 렇게 성령님이 임하심으로 탄생되어 이 땅에 나타났는데 초림 예수 님의 성육신이 성령님이 임하심으로 된 것과 같다. 생육하고 번성하 라는 창조주 하나님의 축복의 말씀대로 교회는 생육하고 번성하여 이 땅에 충만해졌다.

역대하 7장 15-16절에 보면 하나님의 성전이 얼마나 축복된 장 소인지를 말씀한다. 하나님은 솔로몬에게 성전을 짓게 하시고 그 성 전에서 하는 기도에 눈을 들고 귀를 기울이시며 그분의 눈과 마음 이 항상 그곳에 있다고 말씀하셨다. 요한복음 15장 7절에도 이와 유사한 말씀이 기록되어 있는데 예수님이 친히 하신 말씀으로 "너희가 내 안에 거하고 내 말이 너희 안에 거하면 무엇이든지 원하는 대로 구하라 그리하면 이루리라."고 하셨다. 예수님은 그분의 사랑하는 교회의 기도에 눈과 귀를 집중하시며 들으시고 응답하시겠다는 놀라운 축복의 말씀이다. 하늘 문이 열린 교회는 이 약속의 말씀이 있는 예수님의 사랑의 대상이다. 그렇기에 역대하 7장에서 하나님의 이름이 있는 성전을 택하시고 거룩하다 하시며 축복하신 말씀이 신약에서 교회를 통하여 성취되었으며 지금 이 시대의 교회를 통하여서도 지속적으로 그 약속의 말씀이 이루어지고 있다.

하나님으로부터 내려오는 이삭과 같은 약속의 자녀인 교회는 예수님과 그분의 몸인 우리가 온전히 하나가 되었다는 말씀이 실제 열매로 맺혀진 결과물로 교회를 볼 때마다 예수님이 지금도 이 땅에 살아 계셔서 우리와 함께하고 계시다는 사실을 깨달아야 한다. 또한 음부의 권세가 교회를 이기지 못하게 하셨고 예수님이 가지신 천국의 열쇠를 교회에게 주시어 예수님의 것을 동일하게 누리도록 하셨다.

예수님께서 이 반석 위에 예수님의 교회를 세우시겠다는 말씀의 씨앗이 땅에 심겨 싹이 나고, 잎이 나며, 꽃이 피어, 많은 열매로 충만해졌다. 마리아에게 잉태되신 예수님이 때가 되어 이 땅에 태어나신 것처럼 나도 마리아에게 임한 축복을 사모하며, 아름다운 교회를 마음 속에 그려 본다. 그리고 마리아의 순종의 기도를 나의 고백으로 하나님께 드린다.

주의 여종이오니 말씀대로 내게 이루어지이다(눅 1:38).

뜻이 하늘에서 이루어진 것 같이 땅에서도 이루어지이다(마 6:10).

2부

⋮

나의
이야기

나는 3대째 예수를 믿는 집안에서 6남매 중 셋째 딸로 태어났다. 아주 어릴 때부터 교회 주일학교를 다니며 목사님과 사모님의 사랑을 많이 받았던 기억이 있다. 지금도 잊을 수 없는 것은 해마다 여름방학이 시작되면 열렸던 여름성경학교다. 무더운 여름에 선생님들과 함께 땀을 흘리며 성경공부도 하고 여러 가지 재미있는 놀이를 했던 기억이 난다. 그때를 생각하니 여름성경학교의 주제가가 지금도 내 귀에 쟁쟁하게 들리는 듯하다. 또한 크리스마스 때 연극과 피아노 발표를 위해 언니들과 함께 연습했던 일도 좋은 추억으로 기억 속에 남아 있다. 중고등부, 대학부 때는 교사, 피아노 반주자로 열심히 봉사했는데 어른이 되어 생각해 보니 교회 안에서 성장하게 하신 하나님의 은혜가 얼마나 큰지 알게 되었다.

그동안 별 어려움이 없이 순탄하게 살아온 나에게 하나님은 대학 졸업 후 작은 어려움을 통하여 하나님을 경험하게 하셨다. 대학에서 생물학을 전공한 나는 임상병리사가 되기 위하여 서울대학교 병원에서 1년의 수련 과정을 수료했다. 국립보건원에서 실시하는 국가고시를 합격하면 정식 임상병리사가 되는데 1차 필기시험과 2차 실기시험이 있다.

수련 후 1차 필기시험을 치르었는데 며칠 후 아주 큰 실수를 한 것을 알게 되었다. 그 당시 모든 답안지의 채점을 컴퓨터로 했는데 수성사인펜을 사용해야만 채점이 가능했다. 다른 펜을 사용하면 컴퓨터가 인식하지 못하기 때문에 영점 처리가 되어 불합격되는 것이다. 나는 문구점 아저씨에게 분명히 수성사인펜을 달라고 했고, 그 아저씨가 준 펜으로 시험을 치루었는데 후에 알고 보니 그것이 수성사인펜이 아니었던 것이다. 그 사실을 아는 순간 가슴이 철렁하며 눈앞이 캄캄해졌다. 1년을 열심히 수고했는데….

급히 국립보건원을 찾아가서 담당자를 만나 사정을 이야기했더니 종종 이러한 일이 일어난다며 0점 처리를 할 것인지 아니면 뽑아서 손으로 채점할 것인지 회의해야 한다고 했다. 어느 해는 손으로 채점해 준 적도 있었지만 그냥 컴퓨터로만 채점해서 0점 처리를 한 적도 있었다고 했다. 내가 더 이상 할 수 있는 일이 없고 그냥 기다릴 수밖에 없었다.

2차 실기시험 공부에 집중도 안 되고 걱정만 앞섰다. 그래도 공부는 해야 할 것 같아 도서관에 가서 앉아 하나님께 기도하려고 두 손을 모아 고개를 숙였다. 저절로 한숨이 쉬어졌다.

"어떻게 해요. 하나님!"

그러자 갑자기 "믿음이 작은 자여 왜 의심하느냐!"라는 말씀이 내 마음에 꽂히는 것 같았다. 이 말씀은 예수님이 물 위를 걸어오시자 베드로도 예수님처럼 물 위를 걷다가 주위의 바람을 보고 무서워서 살려 달라고 소리 질렀을 때 즉시 손을 내미시며 베드로에게 하신 것이다. 이 말씀이 임하는 그 순간 나는 이미 합격한 시점으로 와 있었고 합격의 기쁨으로 모든 걱정은 다 사라졌다. 현실은 그대로인데 그동안 나를 짓눌렀던 두려움과 걱정, 근심 등 그 어떤 것도 이제 나와는 아무 상관이 없어졌고 날아갈 듯 너무 기뻤다. 합격이 당연히 믿어졌고 너무나 확실한 믿음과 확신이 생겼다. 참 신기한 일을 경험했다. 그 일 후에 나는 합격했고 2차 실기시험도 무난히 합격하여 정식 임상병리사 자격증을 따게 되었다.

그해 서울대학교 병원에 취업이 안 되자 나는 세브란스 병원에 문을 두드렸다. 세브란스 병원도 수련생들이 있었는데 그해에 모두 불합격하는 이상한 일이 벌어졌다. 이제까지 그러한 일이 없었는데 정말 이해할 수 없는 일이었다. 나는 그러한 사실을 전혀 모르고 찾아갔는데 마침 미국에 가기 위하여 사표를 낸 직원이 있어 내가 그 자리에 취업되었다. 시험에 떨어져 1년을 재수할 수 있고 또한 자리가 없어 취업이 안 될 수도 있었지만 나에게 베푸신 하나님의 은혜가 정말 크고 감사해서 세브란스 병원에 출근할 때마다 감사 기도를 드리지 않을 수 없었다.

종종 그때를 떠올리며 큰 힘을 받는 것은 내가 비록 잘못하고 실수했다 할지라도 예수님은 나에게 걱정하지 말라고 하신다는 것이다. 왜냐하면 나는 하나님의 딸이기 때문이다. 무슨 문제이든지 예수님께 가지고 나와 말씀드리고 예수님을 신뢰하라고 하신다. 때론 너무 뻔뻔하지 않은가라고 생각할 정도이다. "제가 실수를 했는데요… 제 잘못인데요…."라며 이제까지 나의 잘못에 대한 댓가는 당연히 내가 치러야 하는 것이라고 생각해 온 나에게 예수님은 하나님 나라의 삶을 경험하게 하셨다.

더 감사한 것은 임상병리사가 되어 세브란스 병원 검사실에서 일하면서 진단검사의학 전문의인 남편을 만난 것이다. 남편은 대학교 1학년 말 선교단체에서 예수님을 영접해서인지 선교에 대한 열정이 대단했다. 모태신앙인 나는 그 열정적인 모습과 예수님을 향한 순수한 사랑에 매력을 느꼈다. 남편은 그 당시에 만나는 사람마다 전도했고 기도 모임을 만드는 열심이 있었다.

　우리는 만난 지 얼마 안 되어 결혼 반대에 부딪혔다. 간호사이셨던 시어머니께서도 같은 세브란스 병원에 근무하셨는데 결혼을 완강히 반대하셨다. 큐티를 통하여 하나님의 인도를 받고 있다고 확신하는 가운데 반대에 부딪히자 나는 시간을 정해 놓고 기도하기 시작했고 때론 휴가를 내어 금식기도원에 가서 하나님께 간절히 응답받기를 구했다. 말씀으로 확신을 주셔서 나는 믿음을 갖고 인내하면 하나님이 반드시 이루실 것이라 생각했다. 그런데 갈수록 반대가 극심해지자 나는 어떻게 해야 할지 당황스러웠다.

　우리의 상황을 잘 알고 계셨던 선교단체의 선교사님이 우리가 너무 큰 고통을 받고 있는 것을 매우 안타까워하시며 나에게 조심스럽게 제안하셨다.

　"이 모든 문제를 하나님 앞에 다 내려놓고 만나지 않을 뿐만 아니라 감정까지도 다 내려놓았으면 해요."

　어렵겠지만 두 사람이 만나기 이전의 시점으로 다시 돌아가기를 제안하셨다. 이런 말을 들었을 때 눈물이 하염없이 흘렀지만 하나님께서 선교사님을 통하여 나에게 말씀하시는 것으로 생각되어 그렇게 해 보겠다고 대답했다. 그 후에 하나님 앞에 나아가 나도 모르게 이런 기도를 했다.

"하나님께서 그 사람과 결혼하지 말라면 하지 않겠습니다. 게다가 평생 혼자 살라고 하셔도 그대로 순종하겠습니다."

그 당시 나는 하나님께서 나에게 순종을 원하신다고 생각했기에 어렵지만 순종해 보기로 했다. 이렇게 기도하고 나니 의외로 그동안 묶여 있던 문제에서 해방되었고 자유를 느꼈다. 하나님의 약속이 있는 이삭을 번제단에 올려놓고 죽인 것과 같은 상황인데 오히려 기쁨이 뱃속에서부터 샘솟듯 계속 올라왔다. 얼마나 기쁜지 이때의 기분을 잊을 수가 없다. 배에서 생수의 강이 흘러넘친다는 성경의 말씀을 체험했다.

이때 남편은 군에 입대하여 군 복무 중이었다. 연락이 끊기자 나의 마음이 변한 줄 알고 오해하는 것 같았다. 약 40일쯤 지났을까? 남편에게서 연락이 왔다. 잠시 휴가를 받아 나왔는데 결혼 허락을 받았으니 꼭 만났으면 좋겠다는 것이다. 나는 완전히 내려놓은 상태여서 오히려 좀 당황스러웠다. 이건 또 무슨 상황이지? 결정할 수가 없어 아버지께 말씀드렸더니 하나님의 응답인 것 같다며 결혼하라고 하셨다. 하나님께 드렸다가 다시 도로 받은 결혼을 하며 모리아 산에서 하나님을 경험한 아브라함과 이삭의 마음을 조금은 알 것 같았다.

결혼 전에 겪은 임상병리사 시험과 결혼의 기적적인 체험은 지금까지도 나의 인생 여정에 큰 도움이 되고 있다. 보이는 현상에 묶여

서 두려워지고 걱정이 엄습할 때마다 임상병리사 시험 때 주신 말씀을 생각하면 믿음이 생기고 담대해진다. 또한 크고 작은 어려움이 있을 때마다 결혼의 기적을 떠올리면 붙잡고 있던 것을 하나님 앞에 내려놓으며 자유함을 누린다.

나는 2년간 다녔던 병원을 사직하고 군 복무 중인 남편과 함께 전방에서 신혼의 삶을 시작했다. 하나님은 우리에게 두 딸과 아들을 낳아 기를 수 있도록 축복해 주셨고 3년간 군 복무를 마친 남편은 다시 세브란스 병원으로 복귀했다.

결혼하고 7년이 지났을 때 영적 여정 중에 결코 잊을 수 없는 큰 은혜를 경험한 한 사건이 있었다. 살면서 크고 작은 어려움이 있을 때마다 나는 믿음대로 살려고 큐티를 하며 기도로 극복해 나갔다. 점점 더 그 어려움의 강도가 커지고 고통이 심해지자 매일 아침 일찍 일어나 많은 시간을 기도하지 않을 수 없었다. 어느 날 내 마음속에 소원 하나가 생겼는데 하루 종일 하나님만 생각하고 매순간 하나님과 대화하면서 살고 싶었다. 그래서 이렇게 기도했다.

"하나님! 저는 하루 종일 하나님과 이야기하면서 살고 싶어요. 그렇지 않으면 하루하루를 견딜 수가 없어요. 방언하면 시간 가는 줄 모르고 계속 기도할 수 있다는데 저한테 방언을 주세요."

나는 그 전부터 방언하는 것을 이상하게 생각했고 솔직히 약간의 거부감도 있었다. 더군다나 내성적인 나와는 전혀 상관없는 것으로 생각했다. 그런데 기도하지 않으면 살 수 없는 상황이 되자 기도를 오래 할 수 있다는 이유 하나만으로 방언을 구하게 된 것이다. 아이들이 아직 어리기 때문에 집에서 매일 새벽마다 하나님 앞에 나아가 기도했다.

1991년 11월 25일 새벽 6시. 지금도 잊을 수 없는 시간이다. 남편은 일찍 출근하고 세 아이들은 잠자고 있었다. 그날도 집에서 혼자 조용히 하나님 앞에 나아가 기도하고 있었는데 나에게 말로 표현하기 어려운 초자연적인 일이 일어났다. 갑자기 위에서부터 무언가가 내 위로 임하는 것이 느껴졌다. 그러면서 의지와는 상관없이 입과 혀가 움직이면서 눈물로 계속 기도하게 되었다. 한없는 눈물을 흘리며 입에서는 이상한 말이 계속 이어져 나왔는데, 드디어 방언이 터진 것이었다. 방언을 계속 하는데 신기하게도 회개하고 있다는 생각이 들었고 그동안 용서하기 힘들었던 사람을 끌어 안아 주며 용서하고 그를 위해 축복 기도를 하고 있는 모습이 머릿속에 그려졌다. 한참을 회개하고 나니 말할 수 없는 큰 기쁨이 솟아 나와 감사의 기도를 드렸다. 방언할 수 있게 해 달라는 간구에 성령님이 친히 찾아오셔서 방언과 함께 성령의 세례를 주신 것이었다.

성령 세례를 받고 보니 영적인 세계가 열리고 말씀이 깊이 와 닿으며 하나님의 존재가 매우 가깝게 느껴졌다. 이전의 나의 영적인 삶과는 비교할 수도 없을 정도로 평강과 기쁨이 이루 말할 수 없었다. 누구에게든지 나와 같이 성령의 세례를 꼭 받으라고 말해 주고 싶다. 이렇게 좋은 것을…. 그야말로 하나님의 선물이다. 그 전에 방언과 성령 세례에 대한 나의 생각이 잘못된 것이었고 오해였던 것을 알게 되었다. 사도행전 1장 4-5절에 기록되어 있듯이 예수님은 승천하시기 전 제자들에게 말씀하셨다.

> …예루살렘을 떠나지 말고 내게서 들은 바 아버지께서 약속하신 것을 기다리라 요한은 물로 세례를 베풀었으나 너희는 몇 날이 못되어 성령으로 세례를 받으리라.

그 후 말씀하신 대로 오순절에 성령님이 이 땅에 오셨다. 예수님께서 2천 년 전에 인간의 모습으로 유대 땅에 오신 것처럼 "아버지께서 약속하신 성령님"은 영으로 마가의 다락방에 오셨으며 "그 성령님"이 나에게까지 찾아오신 것이다.

성령님께서 내게 찾아오신 후 나는 내가 만난 성령님을 꼭 전해야겠다고 결심했다. 예수님께서 승천하신 후 오신 성령님을 많은 사람이 알아보지 못하고 있다는 사실이 매우 안타깝다. 2천 년 전에 유대 땅에서 예수님을 알아보지 못하고 핍박했던 일이 다시 반복되는 것은 아닌지 매우 조심스럽다.

성령의 세례가 임한 그날 아침, 나의 방언 기도는 멈추질 않았다. 몇 시간이 지난 후 아이들이 깼는데 그날은 늦어서 유치원도 못보냈다. 그때부터 나는 일을 하면서 장을 보면서 무엇을 하든지 방언으로 계속 기도했다. 창밖을 내다보는데 세상이 얼마나 아름다워 보이는지!

참 아름다워라 주님의 세계는
저 솔로몬의 옷보다 더 고운 백합화
주 찬송하는 듯 저 맑은 새소리
내 아버지의 지으신 그 솜씨 깊도다.

찬양을 부르는데 마치 내가 어린아이가 된 것 같이 행복했다. 그래서 "하나님! 감사합니다."를 계속 연발했다. 저녁 때 퇴근한 남편에게 말해 주었더니 깜짝 놀라며 매우 기뻐했고 나는 그때부터 하나님 앞에 나아가는 시간이 즐겁고 행복했다. 하루 종일 방언으로 웅얼웅얼대니 다른 사람이 보면 좀 이상하게 생각했을 것 같다.

성령님께서 찾아오신 후 일어난 가장 큰 변화는 시간만 나면 경배와 찬양으로 하나님을 높여 드리고 예배를 사모하게 되었다는 점이다. 예배를 드릴 때마다 하나님의 보좌 앞에서의 예배가 그려지면서 말할 수 없는 감격이 있다. 그리고 말씀을 볼 때 하나님의 마음이 깊이 느껴졌고 주위의 사람을 만나서 이야기하다 보면 그들의 어려움을 중보기도해 주고 싶은 마음이 많이 들었다. 그 당시 나는 "이제부터는 하나님을 위하여 살리라."고 굳게 다짐했다. 성령의 세례를 받을 즈음에 요한복음 말씀을 묵상하고 있었는데 특별히 15장의 말씀은 마치 예수님께서 내 귀에 대고 속삭이시는 것 같았다.

"너희가 나를 택한 것이 아니요 내가 너희를 택하여 세웠나니 이는 너희로 가서 열매를 맺게 하고 또 너희 열매가 항상 있게 하여 내 이름으로 아버지께 무엇을 구하든지 다 받게 하려 함이라(요 15:16)."는 말씀에서 갑자기 '가서'라는 단어가 툭 튀어 나오는 것 같았다. 심상치 않은 것 같아 영어성경으로 다시 보았는데 역시 'GO'라는 단어가 내 마음에 깊이 들어왔다. 그 이후부터 마음 깊숙히 자리 잡은 'GO'에 사로잡힌 나는 어디론가 가야만 한다는 것은 알았지만 어디로 가야 하는지는 몰랐다. 이때 어느 목사님의 설교를 통하여 아브람이 갈 바를 알지 못하고 본토 친척 아비집을 떠나는 내용을 듣게 되었다.

하나님께서 말씀하고 계시다는 확신이 들자 인도하시리라는 담대함이 생겼다. 실제로 어느 선교단체를 찾아가서 선교하고 싶다고 말했다. 그랬더니 마침 미국에서 이란의 쿠르드족을 위한 선교 프로젝트가 있으니 잠시 기다리고 있으면 연락해 주겠다고 했다. 당시 우리 큰딸과 둘째 딸은 유치원에 다니고 있었고, 막내 아들은 이제 1년 6개월 된 아기였다. 내년이면 큰딸이 초등학교 1학년이 되는데 천막을 치고 사는 쿠르드족에게로 복음을 전하러 가면 내가 초등학교 교과서를 구해서 홈스쿨을 할 생각이었다. 한참 후 연락이 왔는데 그 프로젝트가 없어져서 갈 수 없다고 했다. 성령 세례를 받은 후 담대함이 너무 앞섰나 보다.

하나님의 때와 인도에 민감하지 못한 시행착오를 겪기도 했으나 이러한 과정들을 겪으며 우리는 외국에 나가 사는 것에 대해 거부감 없이 쉽게 결정할 수 있었다. 남편은 선교단체에서 복음을 접해서인지 선교에 대한 열정이 남달랐고, 언어에도 재능이 있어 영어를 잘했다. 이러한 여러 요인이 이민을 쉽게 결정하게 했고 캐나다로 오게 만들었다. 지금 돌이켜 생각해 보니 우리의 재능과 관심사를 잘 아시는 하나님 아버지의 놀라우신 섭리와 인도라고 생각된다.

낯선 땅 캐나다로 이민와서 남편의 직장을 따라 인도받은 곳이 중부 지방인 매니토바 주이다. 남편이 캐나다에서 임상병리사 자격증을 받아 이곳 원주민 자치구역에 근접한 병원의 검사실에 취업이 되었기 때문이다. 놀랍게도 남편을 따라온 이곳에서도 하나님의 은혜로 얻게 된 임상병리사의 기적적인 이야기는 계속되었다.

나는 영어도 잘 못하고 그곳의 자격증도 없었는데 검사실의 실장님이 내가 한국에서 임상병리사였던 것을 알고 채혈사로 일할 수 있게 상부의 허락을 받아 자리를 마련해 주었다. 자격증이 있더라도 현지의 경험과 추천서를 중요시하는 캐나다의 병원에서 이러한 자리를 얻는다는 것은 아무리 생각해도 기적적인 일이다. 게다가 남편과 함께 같은 검사실에서 일하면서 하나님의 완벽한 보호와 인도하심을 피부로 느끼는 시간이었다.

일을 시작하는 첫날, 오늘 하루만 일을 한다 해도 나는 정말 감사하다고 생각했다. 원래는 자격이 없어서 할 수 없는 것이었는데 은혜로 거저 주어진 것이기에 모든 것이 덤으로 생각되었다. 감사한 것은 검사실에서 일하면서 어려움을 당해 도움이 필요할 때마다 실장님이 적극적으로 나서서 바람막이가 되어 주신 것이다. 영어뿐만 아니라 여러 가지로 부족한 점이 많았을 텐데, 무시하지 않고 격려해 주고 배려해 주신 실장님께 진심으로 감사드린다. 하나님의 은혜가 그분을 통하여 나에게 임한 것이라고 생각한다. 다행히도 내가 피를 뽑을 때마다 환자들이 아프지 않다고 하며 좋아했다. 은혜가 무엇인지 삶으로 체험하는 시간이었다. 자격 없는 자에게 은혜로 거저 주어지는 하나님 나라의 삶! 임상병리사의 은혜의 시간은 6년 이상 계속되었다.

어려운 이민 생활 중에 우리는 모두 취업이 되었기에 안정적으로 살 수 있었다. 직장을 찾아 이곳에 왔는데 와서 보니 원주민 지역이었다. '아, 하나님이 우리를 원주민 선교하라고 보내셨구나!'라는 생각이 들었다. 그러던 어느 날 남편이 원주민 지역의 상가에 가서 전도하자고 제안하여 그때부터 우리는 주일예배를 드린 후 오후에는 상가에 가서 전도했다. 전도한 후 그 사람들의 이름과 기도 제목을 적은 노트를 보며 평일에는 중보기도를 했다. 시간이 지나고 보니 전도한 사람들과 직장에서 만나는 원주민들을 통해 이들의 삶을 더 많이 알아가게 되었고 그들과도 친밀하게 되면서 점차 타문화권의 생활에 자리 잡아 가고 있었다.

우리는 병원에서 제공하는 관사에서 살았는데 그곳에는 약 열다섯 가정이 살고 있었고, 들어가는 입구에는 2층으로 된 큰 홀이 있었다. 큰 홀의 1층에는 운동할 수 있는 시설과 소파 그리고 피아노가 한 대 있었는데 나는 이곳에서 종종 피아노로 찬양을 연주했다. 복음성가 "부흥"과 찬송가 550장 "시온의 영광이 빛나는 아침"이라는 찬양을 치며, 이 찬양 소리가 황무지 같은 이곳에 울려 퍼져서 잠자고 있는 영혼들을 깨우고 이 땅을 회복시켜 달라고 간절히 기도했다. 어둡던 땅이 밝아지고 슬픔과 애통이 기쁨이 되는 그날! 광야 같은 이 땅에 화초가 피고 말랐던 시냇물이 흐르게 되는 그날! 싸움과 죄악이 가득한 땅에 주 예수 은총을 찬양하는 소리가 하늘에 사무칠 것을 상상하니 가슴이 벅차고 믿음이 생겼다.

그런데 언제부터인가 이 홀의 2층에서 이방 종교의 예배가 행해지고 있다는 사실을 알게 되었다. 그 이방 종교를 열심히 믿는 병원 직원들이 주축이 되어 동네 사람들을 모으니 꽤 많았다. 이민자가 많은 캐나다에는 자연스럽게 세계 각종 종교가 다 들어와 있다. 이러한 상황을 잘 활용한다면 복음을 전할 수 있는 좋은 기회로 삼을 수도 있지만 깨어서 기도하지 않으면 오히려 그들에게 영적으로 지배당하게 된다. 캐나다에 살면서 복음이 먼저 전해진 이곳이 점점 영적으로 침체해져 가고 다른 이방 종교가 들어와 점령하는 것을 보면서 영적 전쟁의 심각함을 느꼈다. 지금 내가 살고 있는 이곳이 영적 전쟁터임을 깊이 인식하게 되자 깨어 기도해야겠다고 생각했다.

이방 종교를 믿는 그들이 모여 예배하는 소리를 실제로 들을 때 나는 견딜 수가 없었다. 그들이 예배를 드리고 나면 그 다음 날 가서 우상숭배로 더럽혀진 이곳을 깨끗하게 하기 위해 피아노로 찬양을 치며 하나님께 기도했다. 이방 신을 숭배하는 이 예배가 없어지게 해 달라고…. 그들의 예배는 몇 달간 계속되었다. 어느 날 마음속에 그

들의 예배가 무너지기 위해 좀 더 적극적으로 기도해야겠다는 생각
이 들어서 예배하는 장소인 2층 홀에 남편과 함께 직접 올라가 찬송
가를 부르며 예수 그리스도의 이름으로 이 예배가 폐하여지기를 기
도했다. 그 후 오래지 않아 핵심 인도자들이 병원에서 문제가 생겨
서로 싸우더니 사표를 내고 모두 그곳을 떠나게 되어 그 예배는 자연
히 없어지게 되었다. 그 이후로 예배는 더 이상 드려지지 않았고 오
히려 남아 있던 몇몇 사람들도 병원에서 일할 수 없는 이상한 일이
벌어져 병원을 떠나게 되었다. 하나님은 우리의 기도를 들으시고 응
답하여 주셨다. 소리 없는 작은 영적 전쟁에서 다시 찾은 땅에 꽂힌
예수님의 승리의 깃발이 휘날리는 것이 머릿속에 그려졌다. 할렐루
야! 나는 이 일을 겪으면서 기도한다는 것이 얼마나 중요하고, 하나
님은 지금도 살아 계셔서 일하고 계시다는 것을 체험했다. 잃을 뻔하
다가 다시 찾아서인지 이곳이 더 소중하게 느껴져 남편과 함께 열심
히 전도했다.

영적 전쟁에서 승리한 것과 하나님이 우리와 함께하신 이러한 시
간을 지나면서 영적 전쟁을 하려면 기도의 동역자들이 필요하다는
것을 절실히 느끼게 되었다. 그래서 기도로 지원해 줄 교회를 만나도
록 하나님께 간구했다.

"하나님! 같이 영적 전쟁을 할 수 있는 하나님의 군사들을 만나

예배 드리는 모습

게 해 주세요."

2008년 4월, 고난주간이었다. 친정아버지께서 위독하시다는 전화를 받았다. 나와 남편은 급히 휴가를 내어 한국으로 가서 친정아버지를 뵙고 가족들을 만났다. 아버지께서는 암 투병으로 몸이 매우 쇠약해지셨다. 우리는 시댁에 머물며 새벽마다 근처에 있는 교회에 가서 예배를 드리며 기도했다. 예배 후 담임 목사님께 인사드리는 가운데 캐나다에서의 삶을 말씀드리자 목사님께서는 기뻐하시며 기도로 지원해 주실 뿐만 아니라 선교사로 파송해 주시겠다고 하셨다. 그 교회의 성도분들은 매우 헌신적으로 섬기며 열심히 기도하시는 좋은

예배를 드리고 난 후에 교제하는 시간

분들이었다. 기도의 동역자를 구한 우리의 기도를 들으신 하나님은
미리 예비해 놓으신 교회를 이러한 방법으로 만나게 하셨다. 우리는
그 교회에서 간증할 기회가 있어 평신도로서 원주민들에게 어떻게
복음을 전하며 살아왔는지 사진을 보여 드리며 말씀드렸다. 캐나다
에서의 삶을 성도들과 함께 나누며 은혜로운 시간을 보낸 우리는 휴
가가 끝나자 다시 캐나다로 돌아왔다. 약 3개월 후에 친정 아버지께
서는 소천하셨고, 우리는 2008년 12월 31일 송구영신 예배 때에 캐
나다 원주민 선교사로 파송받았다.

선교사로 파송받기 약 40일 전 쯤에 신명기 12장 말씀을 보게 되

성탄절 장식을 한 양로원

었다. 캐나다 중부 매니토바 주에 살면서 우리의 신앙 여정 중에 이
곳이 하나님이 차지하게 하신 땅이라 생각하고 있었는데 1절을 읽
을 때 "네게 주셔서 차지하게 하신 땅에서"라는 말씀을 보고 나는 무
언가 심상치 않음을 느꼈다. 그리고 14절에 여호와께서 자기 이름을
두시려고 택하실 그곳에서 번제를 드리라고 하신 말씀이 내 마음에
깊이 와 닿았다. 왜냐하면 영적 전쟁을 치르고 승리한 후에 우리는
놀랍게도 원주민 노인들이 보호받으며 살고 있는 케어홈에서 일주일
에 한 번씩 그들과 함께 이미 예배를 드리고 있었기 때문이다. 우리
의 삶이 말씀대로 인도되어 가는 것을 보며 하나님을 찬양했다.

양로원을 섬기는 직원들

　그곳에서 우리는 하나님의 사랑인 아가페를 조금이나마 경험할
수 있었다. 외롭고 병든 노인들과 함께 예배드리며 그들에게 너무나
많은 사랑을 받았고 내 속에서도 영혼에 대한 사랑이 솟구쳐 올라오
는 것을 느꼈다. 시간이 점점 지나자 그들에게 변화가 생기며 구원이
임하는 것을 경험했다. 나는 하나님이 우리와 함께하고 계심이 감사
했고 말씀으로 확신을 주셔서 정말 기뻤다. 그곳에는 약 삼십여 분이
살고 계셨는데 예배에 참석하시는 분들은 열다섯 분 정도였다. 나오
지 못하신 분들을 위해서는 예배 후에 찾아가서 손을 잡고 기도해 주
었다. 남편이 예배를 인도할 때 나는 신디로 찬양을 연주했는데 처음

에는 남편 혼자 찬양하고 기도하고 설교했지만 그들은 거의 반응이 없었다. 그러나 시간이 지나자 점점 살아나기 시작했다. 케어홈의 직원인 브랜다의 어머니 엘시 할머니는 내가 신디로 연주하는 찬양 소리를 들으시고 어렸을 때 주일학교에서 불렀던 찬양을 다시 떠올리셨다고 한다. 매우 연로하셔서 기억력이 쇠퇴하신 분이신데 그 어렸을 때 불렀던 찬양이 다시 생각났다고 하자 딸인 브랜다가 눈시울을 붉히며 너무 기뻐했다.

그들과의 아름다웠던 추억들과 함께 한 분, 한 분의 모습이 내 머릿속에 떠오른다. 당뇨 합병증으로 소경이 된 달린 아주머니는 누가복음 4장 18절에 있는 "주의 성령이 내게 임하셨으니… 눈먼 자에게 다시 보게 함을 전파하며…"라는 말씀을 전하자 자기도 눈을 뜨고 싶다며 기도해 달라고 했다. 그때부터 나는 달린 아주머니의 눈을 뜨게 해 달라고 하나님께 기도하기 시작했는데 기도하려고 하나님 앞에 엎드리기만 하면 주체할 수 없는 눈물이 나왔다. 때론 금식하면서 너무나 간절히 기도했다. 처음에는 달린 아주머니가 희망을 갖고 있었는데 시간이 지나면서 눈이 떠지지 않자 오히려 미안해하는 기색이었다. 이상하게도 우리는 눈 뜨는 것과는 상관없이 점점 더 서로를 깊이 사랑하고 있음을 알았다. 세상에서 경험하지 못한 설명할 수 없는 신비한 사랑이다.

내 손을 잡고 있는 분이 달린 아주머니이다.

　　예배를 드리러 갈 때마다 우리를 사랑으로 맞아 준 달린 아주머니는 "갈보리 산 위에 십자가 섰으니"라는 이 찬양을 매우 좋아했다. 당뇨 합병증이 심해 약 2년 후 2010년 9월에 결국 눈을 뜨지 못하고 돌아가셨다. 나는 그분이 돌아가셨다는 소식을 듣고 다시 만나볼 수 없어 조금은 섭섭했지만 천국에 계실 것을 생각하니 오히려 내 속에 큰 기쁨이 있었다. 왜냐하면 달린 아주머니가 우리와 함께 예배드리면서 예수님을 너무 사랑하고 기뻐했기 때문이다. 그리고 천국 가면 나를 반갑게 맞아 줄 사랑하는 친구 달린 아주머니가 있어서 천국이 매우 친근하게 느껴졌다. 참 신기하게도 눈을 뜨지 못하고 돌아가신 것에 대해서는 아무 생각도 하지 못했고 오히려 잊고 있었다.

그런데 내 속에서 하나님이 나에게 "달린의 눈을 뜨게 하지 못해 미안하다."라고 하시며 "그 대신 다른 것은 다 해 주겠다."라고 말씀하시는 것 같았다. 그때 나는 이 말이 어디선가 들었던 말인데라고 생각하고 기억을 더듬어 보았다. 바로 내가 하나님께 한 말이었다. 오랫동안 나는 용서하기 어려운 사람 때문에 몹시 괴로워하며 하나님 앞에서 씨름했다. 그를 용서했다고 수없이 결단했지만 만나서 대하다 보면 또 다시 무너지는 나의 모습을 보며 나는 하나님께 이렇게 말했었다.

"하나님! 제발 그 문제만은 건드리지 말아 주세요. 더 이상 저에게 그를 용서하라고 요구하지 마세요. 너무 힘들어요. 대신 다른 것은 다 할게요."

나는 그때 깨달았다. 달린 아주머니의 눈을 뜨게 하지 못한 것은 나 때문이며, 바로 내가 하나님의 역사를 방해한 자라는 것을 그제야 알았다.

다른 사람을 용서하지 못하는 내면의 쓴뿌리가 하나님이 일하시려는 것을 훼방한 것이다. 죄된 나를 포기하는 만큼 하나님의 역사는 그만큼 더 큰 것이다. 나의 옛 자아를 죽이는 만큼 하나님의 빛이 더 밝게 나타나게 되어 있다. 우리에게 있는 하나님에 대한 이미지는 우리의 내면의 모습을 반영하는 것이라 생각한다. 내면이 상처로 상해 있으면 하나님을 오해하고 왜곡되게 볼 수 있다. 예수님을 만나 내면의 상처가 치료된 만큼 하나님을 잘 알게 되어 있다. 기도 응답에 대한 문제가 나에게 있었다는 것을 알게 되자 하나님께 죄송하고 부끄러웠다. 달린의 눈을 뜨게 하는 역사가 일어난다면 내가 용서 못할 일이 어디 있겠는가! "내가 이 비밀을 몰라서 그랬지." 하고 깨닫고 나니 용서가 갑자기 쉬워졌다.

"하나님! 저 그 사람 용서할 수 있어요. 이미 용서했어요. 이제 만나면 용서한다고 말할께요. 하나님! 정말 죄송해요. 잘못했어요. 용서해 주세요."

며칠 후 나는 용서하지 못했던 그 사람 앞에서 진심으로 그를 용서할 수 있었고 또 나를 용서해 달라고 말했다. 왜냐하면 내가 얼마나 하나님을 거역하고 있는 죄인임을 알았기 때문이다. 그리고 그에게 사랑한다고 말할 수 있었다. 그동안 그렇게 괴로워했던 문제가 이제 나에게는 아무 것도 아닌 것이 되었고, 그 문제에서 나는 자유롭게 해방되었다. 정말 신기할 정도로 눈 녹듯 다 없어져 버린 것이다. 달린 아주머니의 일을 겪으면서 귀한 비밀을 배웠다.

우리를 매우 사랑하시는 엘리슨 할머니는 예배를 사모하시는 분

앨리슨 할머니가 심하게 편찮으셔서 예배 참석을 못하셨는데, 예배 후에 가서 기도드리니 일어나 앉으셨다.

이셨다. 너무 쇠약해지셔서 같이 예배를 드리지 못하면 예배 후에 우리가 그분의 방으로 찾아가 손을 잡고 같이 기도하곤 했다. 연세가 아흔이 넘으셔서 기력이 약하셨는데 몇 달 후 독감이 심하게 걸려 거의 돌아가시게 되었다. 임종을 앞두고 병원에 입원하셨는데 간호사들이 할머니를 보고 돌아가시기 직전인 것을 알고 목사님을 불러야겠다고 하자 엘리슨 할머니는 샤론을 불러 달라고 하여 나에게 연락이 왔다. 샤론은 나의 영어 이름인데 영어를 가르쳐 주신 할머니가 지어 주신 이름이다. 그때 남편은 일하고 있어서 갈 수가 없어 혼자 가서 보니 친척들이 와서 빙둘러 앉아 있었고 영어가 짧은 나는 어찌

예배를 매우 사모하셨던 앨리슨 할머니와 할머니의 딸과 손녀

할 바를 모르고 서 있었다.

그런데 갑자기 지혜가 떠올랐다. 예배 때마다 엘리슨 할머니가 매우 좋아하셔서 같이 부르자고 자주 신청하셨던 "때 저물어 날 이미 어두니"라는 찬양의 영어 가사를 보며 불러 주었다. 그리고 나서 "나 같은 죄인 살리신", "예수로 나의 구주 삼고" 등을 더 부르고 나서 손을 잡고 기도해 주었다. 죽음 앞에서 두려워하시던 엘리슨 할머니는 평안해지셨다. 의사소통도 제대로 안 되는 나를 통해 평안함을 느끼는 것을 보며 하나님이 일하시는 것을 체험했고 어두움의 세력을 물리치는 찬양의 능력을 경험하는 시간이었다. 그동안 같이 예배

우리가 다니던 교회의 목사님 부부

했던 엘리슨 할머니를 천국에서 다시 만날 것을 생각하니 마음이 뭉
클했다. 돌아가신 후 그분의 장례식에 우리 부부가 초대되어 참석하
게 되었는데 엘리슨 할머니의 손주들이 우리를 반갑게 맞으면서 할
머니를 통해 많이 들었다며 진심으로 고맙다고 했다. 우리는 어찌할
바를 모르고 있었는데 더군다나 영어를 잘하지 못하는 나는 정말 아
무 말도 하지 못한 채 그냥 미소만 짓고 있었다.

쉐릴 아주머니는 젊었을 때 술, 담배, 마약 등을 너무 많이 하여
희귀한 병에 걸려 손과 근육 등이 딱딱하게 굳어 있었고 코에 연결된

연세가 아흔이 훨씬 넘으신 윌리엄 할아버지는 사랑이 많은 아버지 같은 분이다.

산소통을 항상 끌고 다녔다. 언제부터인가 예배에 참석하시더니 점점 변화가 일어났다. 눈물을 흘리며 손을 들고 찬양하기 시작했고, 가족들을 위하여 기도해 달라는 부탁도 하여 같이 간절히 기도하곤 했다. 그분이 많이 부르고 좋아했던 찬양은 "살아 계신 주"이다. 지금도 이 찬양을 부를 때면 쉐릴 아주머니가 생각나서 눈시울이 뜨거워진다. 짧은 기간 동안 쉐릴의 변화되는 모습을 지켜 보는 사람들이 오히려 더 은혜를 받고 하나님의 살아 계심을 고백하지 않을 수 없었다. 그리고 얼마 지나지 않아 돌아가셨는데 돌아가시기 전날에 세례받고 싶다고 하셨다. 그의 아름다운 변화를 나는 결코 잊을 수가 없다. 하나님

글래디스 할머니는 목사님이며, 우리에게는 동역자와 같은 분이었다.

은 살아 계셔서 지금도 일하고 계심을 다시 실감하는 시간이었다.

    윌리엄 할아버지는 90세가 넘으신 연로하신 분이시다. 처음에는 팔짱을 끼고 한쪽 구석에 앉아 관망하시던 분이 언제부터인지 예배 때마다 눈물을 흘리시면서 "하나님! 감사합니다"를 연발하신다. 영안이 열리셨는지 우리가 예배드리려고 들어갈 때마다 매우 크고 장대한 자가 따라와 우리 옆에 같이 서 있다고 여러 번 말씀하셨다. 꼭 아버지 같은 분으로 우리에게 각별한 사랑을 보이셨고 많은 격려를 해 주신 분이시다. 내가 신디로 찬송가 "예수 나를 위하여"를 연주하

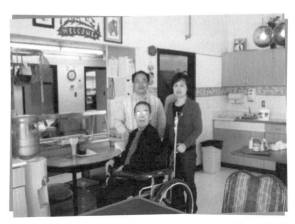

존 할아버지는 기도해 드릴 때마다 내 손을 꼭 잡아 주시며 아멘으로 화답하셨다.

자 멈추지 않는 눈물을 닦으셨다. 각 찬송가마다 특별히 좋아하시던 분들이 생각나 가슴이 뭉클해진다.

글래디스 할머니는 목사님이시다. 예배 인도를 하려고 갈 때마다 사랑으로 우리를 맞아 주시고 설교 시간에는 "아멘"으로 화답하시는 우리에게는 동역자와 같은 분이셨다. 우리가 사역을 그만둔 이후에 그분이 기도 모임을 만들어 인도하고 계신다.

다니엘 아저씨는 의식 없이 누워만 계셨는데 거의 돌아가실 즈음

기도드릴 때마다 눈물을 흘리시며 감사하시는 노벌트 할아버지

에 마침 우리가 그 자리에 있었다. 나도 모르게 그분에게 손을 얹고 "다니엘은 예수님의 피값으로 산 하나님의 아들이다."라는 말을 반복했다. 죽는 그 순간 그를 놓고 예수 그리스도의 이름으로 하나님의 것임을 선포하는 강력한 기도를 하고 싶은 충동이 내 속에서 올라와 기도하고 나오는데 하나님께서 매우 기쁘다고 하시는 것 같았다.

죽음을 앞둔 이들과 함께 예배하며 영적 전쟁의 실체를 피부로 느낄 수 있었다. 그들 옆에 있으면서 기도해 주고 찬양하며 예배하는 것이 얼마나 중요한지! 우리가 4년 동안 그분들과 예배를 드렸는데 워낙 연로하신 분들이라 그동안에도 구원받고 돌아가신 분들이 많았

청소년 지도자 부부인 멜라니와 로건

다. 함께 예배하며 하나님 앞에 설 준비를 하는 매우 의미 있는 시간이었고 특히 우리에게는 하나님의 사랑 아가페를 이 땅에서 맛보는 귀한 은혜와 축복의 시간이었다.

씨족 사회를 이루고 사는 원주민들은 우리 한국인과 비슷한 정서가 있다. 나이 많으신 할아버지와 할머니를 존중하고 어르신으로 모시기 때문에 우리와 함께 예배드리는 케어홈에 계시는 그분들이 자녀들에게 미치는 영향력이 대단히 컸다. 임종을 맞아 돌아가실 때 변화된 모습이 자녀들에게 큰 전도가 되었다. 가끔 장례식을 참석할 때가 있었는데 한 많은 험한 삶을 살아온 그분들이 구원받고 평안히 하

원주민 마을 상가에서 신디로 찬양을 연주하는 모습

나님 아버지의 품으로 가시는 모습을 보면 우리를 결코 포기하지 않으시는 하나님 아버지의 크신 사랑이 마음에 와 닿았다.

또 우리는 그곳에서 원주민 청소년 지도자 부부를 만났는데 그들은 원주민 청소년들을 교회에 모아 복음을 전하고 양육하고 있었다. 그들이 자기들을 위해 기도해 달라고 부탁하여 우리는 2주에 한 번씩 우리 집에서 사역을 위한 기도 모임을 가졌다. 우리가 떠날 무렵 그들도 다른 주로 이사 갈 예정이었고 그곳에 가서 신학 공부를 할 계획을 갖고 있었다.

그리고 나는 가끔씩 원주민 상가 안의 복도에서 신디로 찬양을

원주민 청소년들과 함께 교제하는 즐거운 시간

연주하곤 했는데 그곳의 어둠의 영들을 내쫓기 위해서였다. 예수님께서 흘리신 보혈을 찬양하고 삼위 하나님을 높여 드리는 경배 찬양을 마음을 다하여 열심히 연주했다. 크리스마스 때에도 그곳에 가서 예수님의 탄생을 기뻐하는 찬양을 연주하고 있었는데 마침 교회에서 알고 지내던 여 집사님을 만났다. 찬양을 잘하시는 분이었는데, 내가 신디로 크리스마스 캐롤을 연주하자 옆에 서서 계속 캐롤을 부르셨다. 얼마나 아름다웠는지! 지나가던 사람들이 모두 우리의 캐롤을 들으며 기뻐했다.

우리가 원주민 지역에서 복음을 전하기 시작한 지 만 6년이 지난

2011년 10월경, 나는 갑자기 살고 있는 관사 앞 뜰에 튤립 알뿌리를 사다가 심고 싶었다. 그러면서 내가 내년에 이 꽃이 피는 것을 보지 못할 수도 있다는 생각이 잠시 스쳤다. 하지만 다른 사람이 예쁘게 핀 튤립을 보고 기뻐할 생각을 하니 나도 기뻤다. 참 이상했다. 내가 왜 이런 생각을 할까? 그때만 해도 이곳을 떠날 생각은 전혀 하지 못했다.

그 이듬해 봄에 참 이상한 일이 있었다. 우리가 케어홈에 가서 예배를 인도하려고 하는데 갑자기 또 다른 예배팀이 왔다. 우리는 의아했다. 이제까지 이런 일이 없었기 때문이다. 그들이 스케줄을 착각했다며 미안하다고 하자 그곳의 매니저가 그들을 소개하며 그들도 다른 날 예배를 드리기 시작했다고 했다. 우리는 하나님께서 우리 대신 예비하신 사람들을 보여 주시는 것이 아닌가 생각했는데 그동안 일하며 신학을 마친 남편은 2012년 5월에 목사 안수를 받을 예정이었기 때문에 우리는 하나님의 인도에 예민해질 수밖에 없었다. 그 즈음 나는 이곳을 떠나 새로운 곳으로 가야 할 것 같은 생각이 가끔 들곤 했다. 한편으로는 떠나기 아쉬운 마음도 있었다. 그러나 왠지 하나님의 강권적인 개입 같은 생각이 들며 한국을 떠날 때 "가라."는 말씀에 붙잡혔던 때를 다시 회상해 보았다. 한국에서 남편이 의사로 살았을 때가 1단계의 삶이었다면 캐나다에 와서 선교하며 사는 지금의 삶은 2단계의 삶이며 앞으로 새로운 3단계의 삶이 펼쳐질 것이 예견되었다. 한국을 떠나 2단계의 삶이 시작되는 처음에는 두려워 떨었지만 하나님께서 예비하신 삶을 우리에게 열어 주셨을 때 너무 좋아서 평생 여기서 살고 싶을 정도였다.

1단계의 삶에서는 상상도 못했던 2단계의 삶을 경험한 나는 지금의 삶과 비교할 수도 없는 더 풍성한 3단계의 삶을 하나님이 예비하셨다는 것을 믿었다. 여러 가지 상황을 보았을 때 이제는 이곳을 그만두고 떠나야 할 때가 된 것 같았다. 일단 파트 타임으로 바꾸어 일하면서 하나님의 인도를 받기로 했는데 다행히 남편도 나와 동일한 생각을 갖고 있었다. 우리는 선교사로 파송해 주신 교회의 담임 목사님께 전화드려 우리의 상황을 말씀드리고 사표를 내기로 결정했다.

4월 17일까지 일하고 그곳을 떠나는데 튤립이 싹을 내미는 것이 눈에 띄었다. 하나님이 말씀하시는 것 같았다.

"신숙아! 네가 작년에 심은 튤립이 싹이 나는 것을 보니 기쁘지 않니? 튤립 알뿌리를 심으면 반드시 싹이 나고 잎이 나고 꽃이 피게 되어 있단다. 너희는 이곳에 복음의 씨앗을 심었단다. 비록 후에 보지 못한다 하더라도 너희가 심은 복음의 씨앗은 반드시 싹이 나고 꽃이 피고 열매가 맺히게 되어 있단다. 누군가가 보고 기뻐하겠지?"

내 입에서는 "아멘!"이 절로 나왔고 심는 이나 물 주는 이는 아무

것도 아니로되 오직 자라게 하시는 이는 하나님이시라는 말씀이 생각
났다.

이즈음 부활절을 지나면서 나는 찬송가 167장의 "즐겁도다 이
날" 찬양을 많이 부르고 있었다.

즐겁도다 이날 세세에 할 말
사망권세 깨고 하늘이 열려
죽은 자가 다시 살아 나와서
생명의 주 예수 찬송하도다
즐겁도다 이날 세세에 할 말
사망권세 깨고 승리하셨네.

겨우내 죽은 것 같은 나무에서 해마다 꽃들이 피는 것은 죽음의
권세를 이기시고 부활하신 생명의 주 예수를 찬양하는 것이다. 꽃들
이 생명의 메시지를 전하고 있다. 찬송가 550장 "시온의 영광이 빛
나는 아침"의 가사처럼 이곳에서 주 예수의 은총을 찬송하는 소리가
내 귀에 들리는 듯하다.

우리 한국 땅에 복음을 전하기 위하여 오신 선교사님들 중에 지
금 내가 살고 있는 캐나다 매니토바 주 출신 선교사님들이 많이 있었

위니펙 시내에 있는 양로원에서 예배를 드리는 모습

다는 소식을 들었을 때 마음이 뭉클했다. 그분들의 사랑에 진심으로 감사드리며 나도 그 사랑의 빚을 갚고 싶었다. 왜냐하면 그분들이 심은 복음의 씨앗으로 우리가 구원받을 수 있게 되었기 때문이다.

원주민 마을을 떠나 아이들이 살고 있는 위니펙으로 내려왔다. 그리고 한국으로 나가 성령강림 주일인 5월 27일 주일에 선교사로 파송받은 교회에서 남편은 한국기독교침례 교단의 목사로 안수를 받았다. 목사 안수를 받은 후 다시 캐나다로 돌아와 약 1년간 파트타임으로 일하며 매니토바대학교의 학생회관이나 한국 가게 앞에 가서 전도했다.

그런데 2013년 5월에 또 다시 위니펙 시에 있는 케어홈으로 인도받았다. 케어홈에서 남자 간호사로 일하시는 한국인을 알고 지냈는데 그분이 참석하는 성경공부 모임에서 우연히 우리의 이야기를 했다고 한다. 그랬더니 성경공부를 인도하시는 분이 기뻐하며 마침 주일예배를 못드리고 있었는데 우리가 와서 주일예배를 인도해 주면 좋겠다고 하셨다. 너무 기뻤다. 그곳은 시내에 있는 아주 규모가 큰 사설기관인데 12층 건물로 약 250명이 살고 있었고 원주민이 반 이상이 넘는 듯했다. 종사하는 분들도 많고 지난번 케어홈의 거의 10배 이상의 규모였다. 매 주일마다 그분들과 함께 예배를 드렸다.

그곳에는 자기 스스로 활동할 수 있는 분들도 있지만 많은 분이 휠체어를 타고 계셨다. 침대에 누워 계시는 분도 많아 1층 홀에서 드리는 예배에는 많은 분이 참석하지 못하고 있다. 엘리베이터를 타야 하고 누군가의 도움을 얻어야 내려오기 때문이다. 약 30명 정도의 적은 인원이 모여 하나님께 예배드리고 있지만 그들과 함께 예수 그리스도의 이름을 부르며 하나님 아버지 앞에 예배한다는 사실이 얼마나 감사하고 귀한 일인지 모른다. 삶이 얼마 남지 않은 연로하신 그분들에게는 이 순간이 너무 귀하고 중요하다. 어쩌면 마지막일 수 있기 때문이다. 감사하게도 한국인 두 가정의 자녀들이 한 달에 한 번이지만 악기로 찬양을 연주하며 함께 예배를 도왔다.

위니펙 케어홈에서의 예배가 거의 1년이 다 되어 갈 즈음에 우리는 사역에 한계를 느끼기 시작했다. 지난번 케어홈과는 달리 이곳은 사설기관이라 그런지 환자들을 찾아다니며 복음을 전하고 기도해 주는 것에 제한이 있었다. 오직 일주일에 1시간 1층 홀에서 예배만 드릴 수 있었다. 남편이 목사 안수를 받은 후라 복음 전하는 사역을 좀 더 활발하게 하고 싶었던 우리는 고민하게 되었다. 이러한 상태로 계속할 수가 없어서 그곳을 그만두었다. 목회를 하고 싶은 의욕도 있었다. 하지만 우리의 의욕이 하나님의 인도보다 앞서는 시행착오를 더 이상 하고 싶지 않아 하나님의 인도를 구하는 기도를 드렸다.

이제까지 엄마, 아빠의 삶을 지켜 보던 큰딸 서연이가 아빠에게 제안했다. 아빠가 세브란스 병원에서 인턴 수련의 시절에 복음의 열정으로 기도하며 환자들과 보호자들에게 전도하던 때에 가졌던 예수님에 대한 첫사랑을 회복하는 것을 하나님께서 원하시는 것 같다고 말이다. 어려울 때마다 병원 5층에 있는 번스 채플에 가서 하나님 아버지께 무릎 꿇고 기도하던 젊은 인턴 수련의 시절 그때로 돌아가서 하나님과의 사랑의 관계를 먼저 회복하는 것이 좋을 것 같다고 권유했다. 순수한 서연이의 제안에 도전을 받고 우선순위를 다시 생각하게 되었다. 왜 사역을 해야 하는지…. 어린 자녀로만 생각했는데 어느새 성장하여 엄마와 아빠의 삶을 영적인 눈으로 바라보며 도와주는 서연이가 너무 고맙고 대견했다. 때로는 자녀들의 매서운 비판도 있어 서운한 적도 있었지만 자녀들이 부모의 삶의 거울이라 생각하며 우리를 돌아보는 기회로 삼았다.

2014년 6월 어느 날! 남편은 한국으로 나가 세브란스 병원 5층에 있는 번스 채플에 가서 하나님 아버지 앞에 무릎을 꿇었다. 33년 전의 그 첫사랑의 마음으로 회개의 눈물을 흘렸다. 감격적인 순간이었다. 약 한 달 반 정도 은혜의 시간이 흘렀다. 그 후 우연히 의사협회 인터넷 사이트에서 의사를 구한다는 광고를 보게 되었는데 어느 호스피스 병원에서 낸 광고였다. 말기 암 환우들의 임종을 돕는 호스피스 사역에 마음이 갔다. 의사로 일하지만 죽기 직전의 영혼들을 구원할 수 있는 귀한 사역지라 생각되었고 또 우리가 캐나다에서 약 5년간 했던 사역과도 같은 맥락이어서 하나님의 인도로 알고 그곳으로 가기로 결정했다. 남편이 호스피스 병원에서 일한 지 벌써 1년 반이 지나고 있다. 지금까지의 영적 여정을 돌아보니 전적인 하나님의 은혜였음을 고백하지 않을 수 없다. 그리고 하나님과의 첫사랑이 회복되면서 누릴 많은 축복의 열매를 바라보며 삼위 하나님께 영광을 올려 드린다.

여호와께 감사하라 그는 선하시며 그 인자하심이 영원함이로다. 아멘 (시 136:1).